Olivia heeft zin in zomer

Olivia heeft zin in zomer

Elisabeth Mollema

Met illustraties van Gertie Jaquet

lannoo

www.lannoo.com/kindenjeugd
Copyright text © 2008 by Elisabeth Mollema
© Uitgeverij Lannoo nv, Tielt, 2008
Omslagontwerp Keppie & Keppie
Zetwerk Scriptura
Illustraties Gertie Jaquet
ISBN 978 90 209 7806 3
D/2008/45/242
NUR 282

Kwekje

Wouter heeft een klein eendje gevonden. Het zwemt
helemaal alleen in de singel en piept zielig. Er zijn
nergens grote eenden te bekennen en ook geen andere
kleintjes. Het eendje is helemaal alleen. Een eindje
verder staat een reiger. Hij wacht heel stilletjes tot het
eendje zijn kant op komt zwemmen. Dan eet hij het
waarschijnlijk op. En als de reiger het niet opeet, gaat
het eendje vannacht vast dood. Alleen de eendjes die
onder hun moeders vleugels kunnen kruipen, overle-
ven de kou van de nacht. Dat heeft juf vandaag verteld.
Wouter gaat op zijn buik aan de waterkant liggen.
Heel stil, net zoals de reiger. Die kijkt hem bezorgd
aan. Potverdorie! Nog een die achter dat hapje aan zit.
De reiger heeft pech. Het eendje zwemt in de richting
van Wouter. Nu moet hij heel goed opletten. Het
eendje is vlakbij. Rats! Wouters hand scheert over het
water.
Hebbes!
Het eendje piept angstig.
'Stil maar', zegt Wouter. Hij ritst zijn jack open en

5

doet het eendje voorzichtig onder zijn trui. Zijn pootjes trappelen tegen zijn buik. Dat kietelt.
Nu snel naar Olivia. Zij heeft een tuin waar ze hem los kunnen laten. Misschien kunnen ze hem samen verzorgen.
Olivia doet de deur open.
'Willen jullie een jong eendje?' Wouter kijkt bezorgd.
Olivia staart naar het haar van Wouter. Er zit oranje gel in waarmee plukjes haar in grote stekels zijn geplakt.
'Wat zit je haar leuk. Je lijkt wel een kastanje. Heb je dat zelf gedaan?'
Wouter schudt zijn hoofd. 'De moeder van Cindy.'
'Waar heb je hem?' Olivia kijkt naar zijn handen.
'Hier. Onder mijn jas. Hij moet snel in een bak water of zo.'
Olivia doet een stap opzij. 'Kom maar gauw binnen. Dan zetten we hem in de tuin. We hebben nog ergens een kinderbadje. Dat vullen we met water en dan geven we hem eten. Wat eten jonge eendjes?'
'Brood? Misschien moeten we wormen zoeken.'
Ze lopen naar de keuken. Rinus staat af te wassen.
'Wouter heeft een jong eendje gevonden', roept Olivia. 'Wij moeten ervoor zorgen. Ik moet brood hebben en het kinderbadje. Kun je helpen om het op te blazen?'
Rinus krabt achter zijn oor. 'Ja, mevrouw. Dag Wouter.'
'Dag meneer.'

'Heb je met je vingers in het stopcontact gezeten?'
vraagt Rinus.
'Nee, het is gel.'
'Te gek! Misschien moet ik ook eens zoiets doen.'
Rinus steekt zijn hand uit. 'Laat maar eens kijken naar
dat beessie.'
Wouter haalt het eendje voorzichtig onder zijn jas
vandaan en zet het op tafel. Even blijft het rustig zit-
ten, maar dan... Eerst een paar aarzelende stapjes.
Dan rent hij bijna van het tafelblad af.
'Die is levendig zat', zegt Rinus. 'Zet hem maar
zolang in de tuin. Dan zullen we even bedenken wat
we met hem doen.'
'We houden hem!' zegt Olivia beslist. 'En vannacht
mag hij bij mij in bed.'
'We zien wel', zegt Rinus. 'Zet die eend eerst maar
eens in de tuin. Dat vindt hij fijn. Let maar op.'
Olivia en Wouter zetten het eendje in het gras. Het
begint te piepen.
'Hij heeft natuurlijk honger', zegt Olivia. 'Wie weet
hoe lang hij al niet heeft gegeten.'
Als het badje is opgepompt, doen ze er met de tuinslang water in. Dan mag het eendje zwemmen. Hij
vindt het leuk, want hij zwemt vrolijk heen en weer.
'Hoe zullen we hem noemen?' vraagt Olivia.
Wouter denkt na. Het is moeilijk om een naam voor
een eend te verzinnen. 'Eh... Is het een meisje of een
jongen?'

'Heeft hij een piemeltje?' Olivia probeert het eendje te pakken, maar daar heeft hij geen zin in. Hij is veel te blij met zijn vrijheid. 'Laat dan maar. We noemen hem Kwekje. Dat is altijd goed. Nu moet Kwekje eten. Rinus, hebben wij brood?'

'Ga zelf maar kijken! Ik ben je slaaf niet.'

Olivia rent naar binnen. Even later komt ze terug met een zak vol boterhammen.

'Kleine stukjes', zegt Wouter. 'Hij heeft nog maar een klein bekje.'

Het eendje knabbelt aan een paar stukjes brood. Daarna gaat hij weer een eindje zwemmen.

'Kom, we gaan ballen', zegt Olivia. 'Dan kan Kwekje intussen wennen.'

Achter in de tuin ligt een rode bal. Olivia gooit hem naar Wouter en houdt tegelijk het eendje in de gaten. Wouter heeft moeite om de bal te vangen, want Olivia let niet op waar ze hem gooit. Zo gaat het een tijdje door. Er is niet veel aan.

Olivia ziet dat Kwekje uit het badje probeert te komen, maar de rand is te glad. Hij glijdt steeds terug. Opeens: ploep! Daar valt hij over de rand. Hij rent naar Olivia en Wouter.

Olivia doet haar armen wijd. 'Kom maar, lieverdje. Kom maar bij Olivia.'

Wouter kijkt verbaasd. Olivia doet net of Kwekje een kind is. En wat zet ze opeens een gek stemmetje op. Ze lijkt Cindy wel als ze tegen haar Barbie praat.

Het eendje loopt naar Olivia en dan naar Wouter.
Steeds als ze een stukje opzij gaan, loopt het eendje
met hen mee.
'Hij volgt ons', roept Olivia blij. 'Rinus, kom eens kijken!'
Rinus steekt zijn hoofd om de keukendeur. 'Ja, leuk.
Hij denkt dat jullie zijn vader en moeder zijn. Nu
moeten jullie voor altijd bij elkaar blijven, anders
moet Kwekje kiezen. Dat is zielig, want hij vindt jullie
vast allebei even lief.'
Wouter kijkt bedenkelijk. Hij heeft helemaal geen zin
om voor altijd bij Olivia te wonen.
'Kwekje kan beter bij mij blijven', zegt Olivia.

'Ik woon toch ook bij mijn moeder?'

Wouter is opgelucht. 'Ja, en dan kom ik af en toe langs. Of ik neem Kwekje mee voor een wandelingetje. Als hij maar weet dat we hem allebei even lief vinden, dan geeft het niet waar hij woont.'

'Maar alleen als Kwekje het zelf wil', beslist Olivia. 'Je moet hem niet dwingen.'

Wouter schudt zijn hoofd.

Olivia loopt weer een stukje. Kwekje blijft haar volgen.

'Weet je wel dat die eend zijn hele leven blijft denken dat jij zijn moeder bent', roept Rinus vanuit de keukendeur. 'Die loopt overal met je mee. Straks ben je groot en dan krijg je verkering en zit je nog met die eend opgescheept. Ik weet niet of je vriend dat zo leuk zal vinden.'

'Ik hoef geen verkering', roept Olivia. 'Ik heb veel liever een eend. Ik heb altijd een huisdier willen hebben. Zullen we ook een poes nemen? Of denk je dat die Kwekje opeet?'

Rinus loopt naar Olivia toe. Hij blijft even naar Kwekje staan kijken. 'Luister eens! Dat gaat niet goed zo. Dat arme beessie loopt zich rot achter jou aan. En hoe moet het als je straks naar school gaat? Dan zit ik de hele dag met die eend. Ik zie me al boodschappen doen.'

'Ik neem hem gewoon mee naar school. Wat geeft dat nou? Niemand heeft toch last van zo'n klein eendje.'

'Een eend hoort niet op school', zegt Rinus. 'Die hoort in de vijver bij andere eenden. En het is niet goed dat hij te veel aan mensen went.'

'Moet hij terug?' vraagt Olivia geschrokken. 'Maar dan gaat hij dood. Hij heeft niemand die voor hem zorgt.' Ze doet of ze moet huilen.

Rinus schudt zijn hoofd. 'Hou maar op, juffrouw Pruillip. Maar we moeten een andere oplossing zoeken. Ik denk dat ik wel iets weet.' Hij knoopt zijn schort los. 'Wachten jullie maar even. Ik ben zo terug.'

Een moeder voor Kwekje

Na een halfuur is Rinus terug. Hij heeft een grote doos bij zich.

'Wat zit daarin?' roept Olivia als Rinus ermee de tuin in komt lopen.

'Niet zo ongeduldig. Dat zul je wel zien.'

Rinus zet de doos voorzichtig in het gras. Olivia en Wouter kijken nieuwsgierig toe.

'Ik heb een vriend', begint Rinus, terwijl hij de doos openmaakt. 'Die heeft heel veel dieren. Daar ben ik even langs geweest.'

Er komen vreemde geluiden uit de doos.

Olivia en Wouter buigen zich eroverheen. Ze zien een hoop bruine veren.

Rinus probeert de veren uit de doos te pakken, maar ze stribbelen tegen. 'Ho, ho! Kalm aan, jij. Hup! Daar ga je.' Hij zet de veren in het gras.

'Wat is dat nou voor raar beest', roept Olivia.

Wouter trekt een vies gezicht. 'Kijk nou! Wat heeft die voor gekke kale kop? En zijn kont is ook helemaal kaal. Die heeft een ziekte, Rinus.'

Tok! doet de vogel.

'Dit is Sonja', zegt Rinus trots. Ze heet naar de vrouw van mijn vriend want het is haar kip. Was, moet ik zeggen, want nu is hij van jou, Olivia.'

Olivia trekt haar neus op. 'Van mij! Ik wil dat vieze beest niet.'

Tok, tok tok! Sonja pikt Rinus venijnig in zijn hand. Rinus trekt zijn hand snel terug. 'Een lekker kattenkopje ben jij. Eh… kippenkopje, bedoel ik.' Sonja fladdert hard kakelend weg. 'Sonja wordt de moeder van Kwekje', zegt Rinus trots. 'Wat vind je daarvan?' 'Een kip?' zegt Olivia teleurgesteld. 'Maar Kwekje is een eendje. En Sonja is helemaal niet lief. En waarom is ze zo kaal? Straks is het besmettelijk.'

Rinus haalt een plastic zakje uit zijn zak. 'Sonja. Kom dan kipje!' Hij strooit wat kippenvoer op de grond. Sonja loopt een stukje in de richting van het voer.

Tok, tok!

Rinus strooit nog meer voer en vertelt: 'Sonja werd door de andere kippen gepest. En als er één begint, doen de anderen mee. Net zo lang tot die kip het loodje legt. Zo gaat het bij mensen soms ook. Hier heeft ze rust en kan ze meteen voor Kwekje zorgen. Je wilde toch graag huisdieren? Nou, dan moet je niet kieskeurig zijn. Stel je voor dat mensen ook alleen maar kinderen wilden die mooi waren.' Hij grinnikt. 'Dan waren de kindertehuizen overvol.'

'Maar als de andere kinderen Sonja zien, lachen ze me uit. Het is helemaal geen leuk dier om te hebben.'

Olivia wijst naar Sonja's kaal gepikte achterkant. 'Wat zijn dat voor rode plekjes?'

Wouter begint te grinniken. 'Misschien jeugdpuistjes.'

'Dat komt van het pikken', zegt Rinus. 'Het gaat wel over. Een beetje zalf erop en ze krijgt een prachtig kontje!'

'Een kippenkontje', grinnikt Wouter.

'Precies', zegt Rinus.

Olivia werpt Wouter en Rinus een boze blik toe. 'Nou, ik ga het er niet op smeren.'

'Let maar op. Het wordt een heel mooie kip. En misschien gaat ze ook nog eieren leggen. Dat is hartstikke handig want dan hoeven we ze niet meer te kopen. Als ik tijd heb, flans ik ook wel een hok voor Kwekje en Sonja in elkaar.' Rinus gooit nog een handje voer in het gras. 'Kom kipje! Kom maar bij oom Rinus. Olivia, haal Kwekje maar eens uit zijn badje. Je zult zien dat hij Sonja best lief vindt.'

Olivia lokt Kwekje met een stukje brood. 'Kom maar, dan zal ik je je nieuwe mama laten zien. Niet bang zijn.'

Tok, tok! Sonja pikt in Wouters voet.

Geschrokken springt hij opzij. 'Ze is vals, Rinus.'

'Welnee! Ze zoekt gewoon eten. Je bent toch niet bang voor een kippetje?'

Olivia zet Kwekje in het gras.

Rinus strooit een handje voer tussen Kwekje en Sonja.

Sonja stevent eropaf voordat Kwekje erbij is. Kwekje stuift angstig weg.

'Ach!' roept Olivia. 'Dat is gemeen.' Ze wil Kwekje optillen.

Rinus houdt haar tegen. 'Laat ze nou even met rust. Ze kennen elkaar net. Sonja doet niets. Die is alleen maar geïnteresseerd in het voer. Kom mee! We gaan weg. Dan kennen ze elkaar rustig leren kennen.'

'Kunnen!' verbetert Olivia.

'Dan kennen ze elkaar rustig leren kunnen', herhaalt Rinus. Lachend loopt hij naar binnen en hij zegt erachteraan. 'En weet je wat? Jij moet later schooljuffrouw worden.'

'Niks aan', roept Olivia hem na. 'Kom mee, Wouter. Wij gaan de boom in!' roept Olivia hem na. 'Daar kunnen we beter naar Kwekje en Sonja kijken.'

Olivia en Wouter klimmen in de grote wilgenboom die achter in de tuin staat. Olivia gaat tussen twee dikke takken zitten. Wouter klimt een stukje hoger.

Ze zien Sonja in het gras naar voedsel zoeken. Kwekje kijkt een beetje verdwaasd rond.

'Hij mist me', fluistert Olivia.

Wouter knikt. 'Ja, mij ook.'

'O nee', fluistert Wouter even later. Hij tikt Olivia op haar hoofd. 'Kijk daar! Een poes.'

Onder de heg ziet Olivia de kop van een zwarte poes. Hij zit roerloos, maar zijn ogen volgen Sonja en Kwekje.

Olivia breekt een tak af en smijt die in de richting van de poes. Die smeert hem, maar Sonja schrikt er ook van en rent kakelend weg. Kwekje gaat piepend achter haar aan.

'Hé, zag je dat', zegt Wouter. 'Kwekje liep met Sonja mee. Zou hij nu al denken dat Sonja zijn moeder is?' Olivia zag het ook, maar ze vindt het helemaal niet leuk. 'Kwekje!' roept ze. 'Kom dan bij Olivia, schatje.' Maar het eendje luistert niet naar haar. Het waggelt vrolijk achter Sonja aan.

Olivia laat zich uit de boom glijden. 'Ik heb geen zin meer om met dieren te spelen. Kom mee! We gaan naar het veldje, voetballen.'

'En?' vraagt Rinus als Olivia en Wouter door de keuken lopen. 'Is het gelukt?'

Olivia haalt haar schouders op. 'Kwekje ziet mij niet eens meer staan. Pas jij maar op. Wij gaan naar het veldje.'

'Nou moe!' roept Rinus haar na. 'Lekker dier ben jij.' Als ze de voordeur uit zijn, zegt ze tegen Wouter: 'Als ik groot ben, neem ik geen kinderen. Jij?'

Wouter schudt zijn hoofd. 'Misschien wel huisdieren. Maar alleen als ik een oppas heb.'

Rinus kijkt hen na. 'Welja, doe maar net of het hier een dierentuin is. Lekker baantje heb ik', zucht hij terwijl Olivia en Wouter de deur uitlopen. 'Misschien moet ik toch maar weer behanger worden.'

Oma Everdingen

Olivia zit aan de keukentafel en schrijft een kaart aan oma. Er staat een foto van een kip op. 'Zal ik vragen of ze een paar dagen komt logeren?' vraagt Olivia. 'Mij best!' zegt Rinus, de oppas van Olivia. Hij zit met zijn voeten op tafel en leest in een autoblaadje. 'Oma is wel een beetje raar, hoor', zegt Olivia. 'Ik waarschuw je maar vast.' Rinus kijkt even op. 'Gekker dan jij kan ze niet zijn. Maar bedankt! Ik ben voorbereid.' 'Zo', zegt Olivia. 'Klaar! Zal ik hem voorlezen?' Ze wacht niet op antwoord.

Lieve oma.
Wil je Sonja zien? Dat is mijn kip. We hebben ook een eend. Hij heet Kwekje. Als je komt, zie je ook Rinus. Hij is eigenlijk behanger van beroep, maar nu is hij tijdelijk kinderoppasser. Heel veel kusjes van Olivia en Rinus en Sonja en Kwekje en mama (die werkt, maar dat geeft niet). Doeoeoeoei!

'Leuk!' zegt Rinus.

'Ik ga hem meteen op de post doen!' Olivia glijdt van de stoel en rent de deur uit.

Een paar dagen later gaat de telefoon. Olivia neemt op.

'Wie bent u?' vraagt een mevrouw.

'Ik ben Olivia Engel, oma', zegt Olivia, want ze herkent de stem.

Het is een tijdje stil. Oma moet er vast even over nadenken. Af en toe vergeet ze wel eens wat. Dat komt omdat ze oud is. 'Hoe is het, kind? Leuk dat je belt.'

'Ik bel jou niet. Jij belt mij.'

Weer is het stil. 'O, is dat zo? Dat was ik vergeten.'

'Heb je mijn kaart gekregen?' vraagt Olivia. 'En kom je nog logeren?'

'Ja, ik kom morgen. Want er zijn allemaal vakantie-zusters in huis en dat vind ik niet leuk.'

'Hoi, hoi, hoi!' roept Olivia.

Rinus kijkt verbaasd op.

'Ben je er nog?' roept oma. 'Kunnen jullie me komen halen? En niets tegen je moeder zeggen! Het is een verrassing.'

'Wacht even, oma', zegt Olivia. Ze vraagt Rinus of hij oma met z'n auto kan ophalen.

'Is het ver?' vraagt Rinus.

Olivia schudt haar hoofd en zegt in de telefoon: 'We

komen morgenmiddag. Dan heb ik vrij. Da-ag lieve
oma!'
'Waar woont je oma precies?' vraagt Rinus als Olivia
heeft opgehangen.
Olivia legt het uit.
'Het klinkt ver.' Rinus krabbelt bedenkelijk aan zijn
kin. 'En moet je het niet eerst aan je moeder vragen?'
Olivia schudt haar hoofd. 'Het is een verrassing. En
mijn moeder vindt het leuk als oma komt. Jij vindt
het toch ook leuk als je moeder komt logeren?'
'Logeren? Alsjeblieft niet! Na een uurtje ben ik al sta-
peldol. Mijn moeder houdt geen seconde haar mond.'
Hij staat op. 'Wil je thee?'
Olivia knikt. 'Van oma Everdingen word je niet dol.
Ik moet juist om haar lachen. Ze maakt altijd kinder-
grapjes.'
'Ze is toch niet dement?' vraagt Rinus bezorgd.
'Wat is dat?'
'Dat ze niet meer goed bij haar hoofd is', antwoordt
Rinus. 'Koekje erbij?' Hij zet de koektrommel op
tafel.
'Nee, oma niet. Vroeger was ze burgemeester. En soms
vergist ze zich en denkt ze dat ze het nu nog is. Maar
dat is toch niet erg?'
Rinus schudt zijn hoofd. 'Zo, zo! Burgemeester! Dat
is niet mis. Maar eh… je moeder…'
'Toe nou?'
'Goed dan. Als jij zegt dat ze het leuk vindt.'

De volgende dag gaan Olivia en Rinus meteen na school op weg naar oma. Olivia weet hoe ze moeten rijden. Ze is al zo vaak bij oma op bezoek geweest.
Voor de zekerheid heeft Rinus het adres overgeschreven uit de klapper naast de telefoon.

'Het is een mooie zonnige dag voor een tochtje', zegt Rinus. Hij draait de ramen open en begint te fluiten. Olivia probeert het ook. Maar zo mooi als Rinus fluit, kan ze het niet.

Bij het huis waar oma woont, stopt Rinus vlak voor de ingang. 'Dan hoeft je oma niet zo ver te lopen.'
Olivia springt uit de auto en rent naar binnen. In de hal zitten allemaal oude mensen. 'Oma!' roept Olivia blij. Bijna alle vrouwen kijken op.

Olivia rent naar een mevrouw in een stoel. Ze vliegt oma om haar hals.

'Rustig! Rustig!' kreunt oma. 'Je verplettert me bijna.' Ze zet haar hoedje recht.

Rinus loopt ook de hal in. Naast oma's stoel staat een tas. Rinus bukt en pakt hem op.

'Afblijven!' roept oma boos. Ze geeft Rinus een klap met haar wandelstok. 'Lelijke dief, die je bent.'

'Nee, oma! Dat is geen dief. Het is Rinus, mijn oppas', roept Olivia lachend. 'Dat heb ik je toch verteld?'

Oma kijkt Rinus achterdochtig aan. 'Ik weet nergens van.'

Rinus steekt zijn hand uit. 'Aangenaam kennis te maken, burgemeester.'

'Bent u raadslid of een gewone burger?' vraagt oma.

'Ik ben maar een simpele burger, mevrouw. Maar met een goed hart, zal ik maar zeggen.'

Oma knikt. 'Als u subsidie wilt, kunt u formulieren bij de portier halen.'

Rinus lacht. 'Graag! Ik kan wel wat extra geld gebruiken.' Hij steekt zijn arm uit en helpt oma uit de stoel.

Er komt een zuster aan. Ze houdt de deur open. 'Fijn dat uw moeder een tijdje kan komen logeren. Ze verheugt zich er erg op. Nou, mevrouw Everdingen. Dan zie ik u in september weer terug.'

'In september?' roept Rinus geschrokken. 'Dat is over een paar maanden. U zou toch maar een paar daagjes blijven logeren?'

Oma slaat Rinus met haar stok tegen zijn been. 'Mond houden! En opschieten! Praatjes vullen geen gaatjes.'

Ze lopen naar de auto en helpen oma met instappen. Rinus doet de veiligheidsriemen van oma vast.

Ze giechelt. 'Niet kietelen, ondeugende jongen!'

'Ik zou niet durven, burgemeester.'

Olivia klimt achter in het bestelautootje. Dan rijden ze weg. De zuster zwaait hen na.

'Hè, hè', zucht oma. 'Ik ben blij dat ik hier weg ben. Knappe jongen die mij hier terug krijgt!'

'Oeps!' zegt Rinus. 'Olivia, ik geloof dat we een probleempje hebben!'

Leo

Oma, Rinus en Olivia zitten in de keuken. Rinus heeft een tuinstoel voor oma klaargezet. Daar kan ze beter in zitten.

Plotseling roept Olivia: 'Ik hoor de voordeur. Daar is mama. Ze zal wel blij zijn als ze je ziet, oma.'

Oma knikt. 'Ik denk het ook.'

'Ik weet het zo net nog niet', mompelt Rinus. 'Zeker niet als ze hoort hoe lang u blijft.'

'Let op!' fluistert Olivia. 'Mama schopt eerst haar schoenen uit. Daarna komt ze pas binnen.'

Boink, boink!

De keukendeur gaat open. 'Hè, hè! Het was me weer een dagje. Eindelijk rust. Moederrr!' roept Olivia's moeder uit. 'Wat een verrassing dat u op bezoek bent.' Olivia's moeder geeft oma een kus.

'Zie je wel, Rinus!' roept Olivia blij. 'Mama vindt het leuk.'

Oma steekt haar hand uit. 'Kind, wat zie je eruit met die strakke broek. Zoiets draag je toch niet naar kantoor.'

Olivia's moeder lacht.

'Ze blijft tot september', zegt Rinus achteloos terwijl hij een fles wijn op tafel zet.

'September!' roept Olivia's moeder. 'Dat is over een paar maanden!'

'Verrassing', zegt Rinus lachend.

'Ik houd het niet meer uit in dat tehuis met al die ouwe sukkels', zegt oma met een huilstemmetje. 'Ik ga er dood van ellende.'

'Je mag wel voor altijd bij ons blijven wonen, hoor', zegt Olivia. Ze slaat haar armen om oma's hals. 'Hè mam?'

'Voor altijd? Nou... nee. Dat gaat niet want oma is soms een beetje vergeetachtig. Dan laat ze het gas aan staan, zoals laatst. Of ze vergeet de voordeur dicht te doen. Dat weet je toch?'

Oma haalt haar schouders op. 'Zo erg is dat toch niet? Jij vergeet ook wel eens wat, Annet.'

'En Rinus dan?' roept Olivia. 'Hij kan toch best op oma oppassen? Ik ben er toch nooit.'

Rinus kijkt Olivia's moeder vragend aan.

Olivia's moeder schudt haar hoofd. 'Die heeft zijn handen al vol aan jou.'

'Ook een glaasje wijn, burgemeester?' vraagt Rinus.

Oma schudt haar hoofd. 'Dan kan ik niet goed meer denken.'

'Voorlopig kan mevrouw Everdingen wel even blijven', zegt Rinus. 'Het is bijna grote vakantie en dan is Olivia ook de hele dag thuis.'

De telefoon gaat. Olivia's moeder neemt op.

'Gered door de bel', mompelt oma.

Rinus buigt zich naar oma en fluistert: 'Ik heb u zojuist geholpen, burgemeester. Binnenkort vraag ik een gunst van u terug.'

Oma lacht en geeft Rinus een knipoogje.

'Vanavond!' roept Olivia's moeder in de telefoon. 'O jee, dat was ik helemaal vergeten.' Ze kijkt op haar horloge. Als ze heeft neergelegd, zegt ze: 'De ouders van Leo komen na het eten kennismaken omdat we van de zomer hun vakantiehuis in Frankrijk mogen lenen. Ik moet vlug naar de winkel om iets voor bij de koffie te halen.'

Rinus kijkt op zijn horloge. 'Is het al zo laat? Dan moet ik opschieten. Ik heb met Aad in het café afgesproken om te gaan biljarten. Als ik hem te lang laat wachten, drinkt hij zich een stuk in zijn kraag. Dan weet hij straks het verschil niet meer tussen de bal en de biljartstok.'

Olivia's moeder gooit haar tas op tafel. 'Ik ga meteen even.' Ze loopt de keuken uit.

'Wie is die Leo?' vraagt oma als Olivia's moeder 's avonds de afwas in de vaatwasser doet.

'Mijn nieuwe vriend, moeder. Je hebt hem al een paar keer gezien. Weet je dat niet meer?'

'O ja!' zegt oma, maar aan haar gezicht is te zien dat ze het allang vergeten is. 'Wanneer gaan jullie trouwen?'

Olivia schrikt. 'Trouwen? We hebben Rinus toch?'

'Rinus?' herhaalt oma. 'Ja, waarom trouw je niet met hem, Annet? Hij is een aardige, hulpvaardige jongen. En zo huishoudelijk!'

Olivia's moeder lacht. 'Ik beslis zelf met wie ik trouw, als jullie het niet erg vinden. Maar voorlopig heb ik nog geen plannen. Ik ga me nu even verkleden. Ik ben zo terug.' Ze kijkt op haar horloge. 'Ik moet opschieten.'

Olivia's vrolijkheid is opeens verdwenen. Ze gaat aan de keukentafel zitten. 'Oma, een kind kan toch eigenlijk maar één vader hebben, hè?'

Oma knikt. 'Volgens mij ook. Maar tegenwoordig rommelen die vrouwen maar wat aan. De ene vader is nog niet de deur uit of de volgende staat al te wachten.'

Olivia snapt het niet zo goed, maar ze knikt. 'Daar raken de kinderen toch van in de war. Vind je niet, oma?'

'Ja', zegt oma. 'Volgens mij ook. Ik ben blij dat ik geen man heb. Ze willen de hele tijd maar in je knijpen. Dat is heel vervelend, hoor.'

'En opa dan, oma? Was die ook vervelend?'

'Nee, opa was wat anders. Maar toen hij dood was, wilde ik nooit meer een andere man. Zal ik je eens wat zeggen?' Ze buigt zich naar voren en zegt zacht: 'De meeste mannen hebben stinkvoeten en ze laten windjes.'

Olivia giechelt. 'Opa ook?'

Oma schudt haar hoofd. Ze krijgt een glinsterende blik in haar ogen. 'Opa rook naar ananas. Heel bijzonder.'

'Als Leo met mama trouwt, noem ik hem gewoon Leo. Of zal ik maar bij jou komen wonen?'

'Mij best', zegt oma. 'Zeg, vind je dat ik lippenstift op moet doen? Wat zijn het voor mensen, die ouders van Leo?'

De bel gaat.

Olivia springt op. 'Daar zijn ze!' Ze rent naar de deur.

'Ik ben benieuwd', mompelt oma.

Op de stoep staan drie mensen.

'Hallo!' zegt Leo. 'Dit zijn mijn vader en moeder, Olivia.'

Olivia antwoordt niet en blijft in de deuropening staan. Ze bekijkt de man en de vrouw. Ze hebben allebei een beige regenjas aan. Net als Leo. Saai! Olivia heeft zin om ze niet binnen te laten.

'Mogen we er niet in?' vraagt Leo. Hij geeft een knipoog. Dat doet hij anders nooit.

Olivia gaat een stapje opzij.

Leo loopt naar binnen. Zijn vader en moeder lopen achter hem aan. 'Waar is je moeder?'

'Weg', zegt Olivia.

'Weg?' zegt Leo geschrokken.

'Boven. Zich verkleden', jokt Olivia.

Leo gaat naar de keuken. Bij de deur blijft hij staan en hij kijkt verbaasd naar oma.

'Dat is schrikken, hè?' roept oma. 'Bent u de nieuwe wethouder? En wie zijn die ouwe mensen?'

'Mevrouw Everdingen! Wat een verrassing. Ik wist niet dat u hier was.' Hij steekt zijn hand uit.

Oma houdt haar handen in haar schoot. 'Wie bent u?'

'Leo, de vriend van uw dochter. En dit zijn mijn ouders.'

'Frans Kleihuis', zegt de vader. Hij wil oma ook een hand geven, maar ze houdt haar handen stijf tegen zich aangedrukt. 'En dit is mijn vrouw Emmy.'

Mevrouw Kleihuis lacht naar oma. 'Leuk met u kennis te maken.'

Oma zegt niets terug.

Ze gaan allemaal aan de keukentafel zitten. De vader en moeder van Leo kijken keurend rond. Leo trommelt ongeduldig met zijn vingers op tafel. Niemand zegt wat.

Olivia staart naar Leo's ouders en denkt: ze zijn met z'n drieën net van de club van saaie regenjassen. Buiten is het zomer, maar het is net of het binnen opeens herfst is. Dat is toch gek? Hoe zou Leo eruitzien met het leren jack van Rinus aan? Of met die puntlaarzen? Geen gezicht zou dat zijn! Leo kan ook niet van die gekke grapjes maken als Rinus.

Olivia pakt haar kleurdoos en een vel papier van tafel.

'Maak jij maar een mooie tekening voor ons', zegt meneer Kleihuis.

Olivia kijkt niet op en begint te krassen. Heel lelijk, maar ze kan niets anders verzinnen.

Oma stampt een paar keer met haar stok op de vloer en roept: 'De raadsvergadering is geopend. We beginnen met het bejaardenprobleem. Kleihans, wat heb je te zeggen?'

Frans staart oma aan. 'Het is Kleihuis!'

'Joehoe! Ik ben er.' Olivia's moeder komt de keuken binnenstormen. Ze heeft rode vlekken in haar gezicht. 'Sorry! Ik moest me nog even verkleden.' Ze heeft die lelijke geruite rok aan, die tuttenrok. Daarop heeft ze een strak paars truitje aan waar ze bijna uit barst.

Geen gezicht bij die rok. Ze trekt de koelkast open en pakt de gebaksdoos eruit. Ze is zenuwachtig. Dan kun je lachen, want dan gaat ze stomme dingen zeggen.

Leo gaat staan. 'Annet, dit zijn mijn ouders.'

Olivia's moeder geeft de Kleihuizen een hand. 'Willen jullie je jas niet uitdoen?'

'Het hoeft niet', zegt oma. 'Ze gaan zo weer weg.'

'Moeder!' zegt Olivia's moeder streng en tegen Frans en Emmy: 'Het is maar een grapje, hoor. Ze is soms een beetje in de war. Eh… koffie? Of thee, dat kan ook. Of allebei. Nou ja, niet tegelijk natuurlijk. Maar als jullie dat willen…' Ze grinnikt met een gek, hoog geluidje. De vlekken in haar gezicht worden roder.

Meneer Kleihuis trekt zijn mond samen.

'Ik denk dat ik de kippen eens ga voeren', zegt oma. 'Olivia, help me eens uit mijn stoel.'

'Kippen?' herhaalt mevrouw Kleihuis. Ze trekt een vies gezicht. 'Hebben jullie kippen? Zomaar in zo'n stadstuintje?'

Olivia's moeder antwoordt: 'Eentje en een eendje.' Ze grinnikt weer. 'Leuk hè? Eh… Ik bedoel… Eentje kip en eentje eend.' Haar gezicht wordt nu helemaal rood.

Olivia zegt: 'Ik ga ook mee, oma. Sonja en Kwekje hebben nog niets te eten gehad.'

Samen lopen ze naar het hok van Sonja en Kwekje. Olivia pakt de bus met voer. 'Als mama met Leo trouwt, heet ik dan Olivia Kleihuis?'

'Nee, kind. Als je eenmaal een Engel bent, blijf je dat de rest van je leven.'

'En wordt die vrouw dan mijn oma?'

Oma buigt zich een stukje naar Olivia. 'Zal ik je eens wat zeggen: oma word je niet zomaar. Dat moet je verdienen. Kom, laat me je kip maar eens zien. Zeg, die Rinus. Is die eigenlijk getrouwd?'

'Nee en hij heet Rinus Verschoor. Dat is een leuke naam, hè? Olivia Verschoor vind ik wel leuk klinken.'

'Ja, dat is heel bijzonder. Ik vind dat hij ook een beetje naar ananas ruikt. Vind je niet?'

Olivia lacht. Ze pakt oma's hand. 'Ik vind jou de liefste oma. Je hebt het verdiend.'

Oma lacht en geeft Olivia een kus.

Vaderdag

'Morgen is het Vaderdag', zegt juf. 'Daarom gaan we een tekening maken. Als hij klaar is, mag je er ook iets liefs op schrijven. Dat vindt je vader vast leuk.'
Olivia kijkt de klas rond.
Gilles kluift op zijn potlood. Zijn vader en moeder zijn gescheiden. De vriend van zijn moeder woont nu bij hen. Gilles zegt dat hij twee vaders heeft. Hij moet vast nadenken voor wie van de twee hij een tekening zal maken. Of misschien maakt hij er voor allebei een. Dat is wel een hoop werk.
Wouter zit een beetje stom voor zich uit te staren. Die weet zeker ook niet wat hij moet doen, want hij heeft twee moeders, Jolanda en Ankie. Jolanda is Wouters echte moeder en Ankie is haar vriendin. Die woont ook bij hen. Ze hebben een man gevraagd om zijn zaadjes in een potje te doen en dat hebben ze in de buik van Jolanda gestopt. Zo is Wouter gemaakt.
Maar het is geheim wie die man is.
Opeens roept Cindy door de klas: 'Juf, Olivia's vader is dood!' Keihard nog wel!
Olivia kijkt geschrokken om zich heen. Alle kinderen

staren naar haar. Je ziet dat ze denken: o, wat is die zielig! Ze gaat vast huilen!

Maar Olivia is helemaal niet zielig. Haar vader is doodgegaan toen ze nog een baby was. Hij heeft een auto-ongeluk gehad. Dat is wel erg voor hem, maar Olivia is er niet verdrietig over. Ze heeft haar vader nooit gekend en hoe kun je nou verdrietig zijn over iemand die je niet kent?

Wat moet je trouwens met een vader? Misschien wordt Leo haar nieuwe vader, maar als hij er is, is het lang zo leuk niet. Dan praten mama en hij steeds met elkaar of over dingen die Olivia niet begrijpt of die heel erg saai zijn.

Olivia vindt de meeste vaders maar enge mannen. De vader van Cindy knijpt altijd heel hard in je hand. Of hij tilt je op en houdt je hoog boven zijn hoofd vast. Alsof je een zak met aardappelen bent. Hij denkt dat je het nog leuk vindt ook. Soms is hij boos. Dan brult hij als een beer. Dat is eng.

En de vader van Rashid heeft zo'n grote zwarte snor en van die dikke wenkbrauwen. Zijn hele gezicht zit onder de zwarte haren. En hij ruikt naar tabak. Brrr!

Nee, Olivia is helemaal niet verdrietig omdat ze geen vader heeft. Maar ze is wel boos op die stomme Cindy, die het zo hard door de klas blèrde. Kijk die kinderen met hun grote koeienogen naar haar staren! Ze zitten zeker te wachten tot ze in snikken uitbarst.

Nou, dan kunnen ze nog een tijdje wachten.

Heel langzaam steekt Olivia haar tong uit. Met haar wijsvingers trekt ze haar oogleden naar beneden en haar duimen doet ze achter haar oorlelletjes en wiebelt die heen en weer.

De kinderen blijven staren. Alleen Wouter grinnikt en even later lacht de hele klas. En dan beginnen er een paar een gekke bek te trekken. Binnen een mum van tijd ligt iedereen slap van de lach.

Juf klapt in haar handen. 'Nu is het wel genoeg. Het was ook een beetje dom van me. Sorry, Olivia. Ik was het gewoon vergeten. En Wouter… en Gilles.' Ze denkt even na.

Cindy steekt haar vinger op. 'Juf, misschien kan Olivia beter iets over dodenherdenking doen?'

'Ja, en Wouter iets over zijn geheime vader', roept Olivia. 'En Gilles iets over twee vaders.'

Rashid steekt zijn vinger op. 'Mijn vader heeft liever een cadeautje. Mag ik iets met de figuurzaag maken?'

'Dat is misschien wel een goed idee', zegt juf. 'Doe maar wat je denkt dat je vader leuk vindt. Eh… of je moeder. Of… of allebei je moeders… Of…' Ze pakt maar gauw een schrift van een stapeltje en gaat zitten nakijken. Grote mensen kunnen soms zo vreselijk stom doen!

De kinderen gaan aan de slag. Het wordt een enorme herrie. Dat krijg je als iedereen mag doen wat hij zelf wil. Maar juf zegt er niks van.

Olivia maakt een vers. Daar ben je lekker snel mee klaar. Het heet dodenherdenking, want dat was een goed idee van Cindy.

Mijn vader is een dooie.
Zo dood als een pier.
Soms denk ik:
Jij bent ook een mooie.
Was jij maar liever hier.

Zo, dat is klaar.

Ik en jij

Olivia en Cindy hangen uit het raam van Cindy's
kamer. Als er iemand voorbijkomt, proberen ze op
zijn hoofd te spugen.
'Het is bijna grote vakantie', zegt Cindy. 'Wij gaan
naar de camping in Spanje. Dan zie ik je een tijd niet.
Saai hè?'
Olivia knikt. Ze verzamelt een heleboel spuug in haar
mond, want er komt een mevrouw aan met een hondje.
'Ik doe het hondje wel', zegt Cindy.
Pfrrrt! Ze spugen tegelijk. Olivia mist, maar Cindy's
klodder spat op de rug van het hondje. Het maakt een
gek sprongetje.
Proestend duiken ze weg. Even later kijken ze of de
mevrouw iets heeft gemerkt. Maar ze loopt gewoon
door.
'Zullen we een vriendschapsaandenken maken?' zegt
Cindy. 'Dan vergeten we elkaar niet.'
'Ja, we kopen voor allebei zo'n gevlochten armbandje.
Of nee, ik weet iets beters: we worden bloedzusters.
Dat deden de indianen vroeger ook. Daarna bleven ze
elkaar hun hele leven trouw.'

Cindy's gezicht betrekt. 'Bloedzusters?' herhaalt ze. 'Doet dat pijn?' Ze tikt Olivia aan. 'Weg! Daar is Wouter. Als hij voorbijkomt, krijgt hij een verrassing.'

'Niet op zijn kop', zegt Olivia. 'Wouter is onze vriend.'

'Nee, we mikken ernaast. Het is alleen om hem aan het schrikken te maken.'

Ze duiken weg en verzamelen spuug.

Cindy kijkt voorzichtig over de rand van de vensterbank. 'Ja, nu!'

Pfrrrt! Er vallen twee klodders precies voor Wouters voeten. Cindy en Olivia duiken weer weg.

'Vuile goorlappen!' roept Wouter. Ik weet heus wel dat jullie dat deden. Wacht maar! Ik krijg jullie nog wel.' Hij loopt boos verder en kijkt nog een paar keer achterom in de hoop ze te kunnen betrappen.

Cindy en Olivia liggen dubbel van het lachen. Als ze uitgeput tegen het muurtje onder het raam leunen, zegt Cindy: 'Hoe word je bloedzuster?'

'Gewoon', antwoordt Olivia. 'Je maakt met een mes een snee in je arm of ergens anders. En dan vermeng je elkaars bloed.'

'Dat doe ik niet, hoor. Straks bloed ik dood.'

'Het kan ook met een prikje in je vinger', zegt Olivia. 'Heb je een speld? Je moet hem alleen goed schoonmaken, anders is het niet hygiënisch. Dan krijg je bloedvergiftiging.'

Cindy zoekt in een kastje.

'Heb je lucifers? Of een aansteker? Want je moet het
puntje heet maken. Dan wordt het goed schoon.'
'In de keuken. Even halen.' Cindy gaat de kamer uit.
Ze komt terug met een kaars en een aansteker.
'Handig!' zegt Olivia.
Ze steken de kaars aan. Olivia houdt de punt van de
speld in het vlammetje en veegt de speld aan haar
broek schoon. 'Kom maar hier met je vinger.'
Cindy steekt haar wijsvinger uit en knijpt haar ogen
stijf dicht.
Olivia aarzelt. 'Ik durf niet. Doe het maar liever zelf!'
Cindy pakt de speld over. Ze knijpt hard in haar vinger, zodat het topje vol bloed komt. Na een venijnig
prikje komt er een mooie, donkerrode druppel
tevoorschijn. 'Vlug!'
Olivia pakt een blocnote van een kastje. 'Laat de
druppel hierop vallen.' Ze pakt de speld van Cindy
over. 'Doet het pijn?'
Cindy schudt haar hoofd.
Olivia houdt de speld weer in de vlam om hem
schoon te maken. Dan geeft ze een klein prikje in
haar vinger. Ze moet heel hard knijpen om er een
beetje bloed uit te persen.
Cindy houdt de blocnote erbij. Olivia veegt met haar
vinger over het papier.
Met de achterkant van een potlood mengt Cindy de
vlekken door elkaar.
Olivia zegt: 'Nu moeten we zweren dat we elkaar

trouw blijven.' Ze houdt haar wijsvinger en middelvinger in een V-vorm en zegt met een plechtige stem: 'Ik zweer dat Cindy mijn beste vriendin is en dat ik haar nooit zal verraden.'

Cindy houdt haar vingers ook op. 'Ik ook. Zijn we nu bloedzusters?'

Olivia knikt. 'Ja, want we hebben jouw bloed vermengd met het mijne. Nu ben jij eigenlijk dezelfde als ik. Begrijp je? En je verraadt jezelf ook niet, want dat kan niet.'

Cindy moet er even over nadenken. 'Nee', zegt ze grinnikend. 'Je gaat jezelf ook geen pijn doen.'

Olivia schudt haar hoofd. 'En als jij pijn krijgt, voel ik het ook. Want we zijn dezelfde.'

Cindy krabt aan haar been. 'En als ik jeuk heb?'

Olivia grinnikt. 'Dan voel ik dat natuurlijk ook en dan ga ik jou krabben. Kom maar hier, jij.' Ze krabbelt Cindy aan haar been. 'Dat helpt zeker wel?'

Olivia krabbelt Cindy overal waar ze haar maar te pakken kan krijgen.

Cindy rolt over de grond van het lachen. 'Hihi. Niet kietelen. Help! Hihi. Hé, kom hier. Als ik jeuk heb, heb jij het toch ook. Ik zal jou ook eens even krabbelen.'

Zo rollen ze over de grond van het lachen.

Olivia roept: 'Hé, stop. Ik weet een goeie:

Ik ben jij en jij bent ik.
Jij krabt ik
En ik krab jij.
Heb jij jeuk
Dan krab ik mij.'

'Joehoe-hoe!' giert Cindy. 'Jij en mij en ik en jij. Ik snap er niets meer van. Ben ik nou ik of ben ik jij? En wie ben jij dan? Ik zeker? Joehoe-hoe!'
'Wacht', roept Olivia. 'Ik weet wat. We nemen een tattoo.'
'Ja. Wat voor een?'
'Eentje met "jij" en "ik" erop. Op de ene arm zetten we "jij" en op de andere "ik".'
Cindy pakt een viltstift uit een doosje. 'Ja, dat doen we. Laten we het vast met viltstift doen.'
Ze schrijven 'jij' en 'ik' bij elkaar op hun bovenarm. Net onder het mouwtje van hun T-shirt.
'Niet afwassen', zegt Olivia.
Cindy bekijkt haar neptattoos in de spiegel. 'Ik doe er een pleister op als ik onder de douche ga.'
Olivia bekijkt haar tattoo ook. 'Kom mee! Dan gaan we naar het veldje. Kijken of Wouter iets terug durft te doen.'
Lachend rennen ze de trap af.
Cindy zegt giechelend: 'Vast niet. Anders roep ik: "Pas op. Hier komen jij en ik." En dan vallen wij aan. Wedden dat hij er niets van begrijpt?'

39

Schoolreisje en Olivia-altijd-anders

Vandaag is er een schoolreisje. Olivia maakt broodjes voor onderweg. 'Ik doe er eentje met gestampte muisjes en eentje met chocoladepasta. Of… eh… Zal ik er kokosbrood op doen? Of nee Ik doe een halve boterham met gestampte muisjes en de andere helft… eh…'

Cindy staat met haar rugzak op bij de deur. Ze wiebelt ongeduldig van haar ene been op het andere.

'Neem ook iets te drinken mee!' zegt Rinus, die met oma's jas komt aanlopen.

'Nee, dat hoeft niet. Je kunt daar wel iets kopen.'

Cindy schudt haar hoofd. 'Niet in de bus. En de juf zei dat je wel iets mee moest nemen anders wordt het te duur.'

'Het hoeft niet', roept Olivia.

'Eigenwijs', zegt Rinus. 'Jij wilt altijd alles anders.'

Cindy kijkt op de klok. 'Schiet nou eens op. De bus gaat om halfnegen weg.'

'Niet. Het was negen uur. Het stond in die brief.'

'Niet, halfnegen.'

'Negen uur.'

'Doe me een lol, eigenwijsje', zegt Rinus terwijl hij oma in haar jas helpt, 'en kijk even in die brief.'

'In de la', zegt Olivia.

'Ja, kijk zelf maar even', antwoordt Rinus. 'Hoedje op, burgemeester?'

'Maar doen, hè?' zegt oma.

Olivia zoekt in de la naar de brief van school. 'Hij ligt er niet meer.'

'Schiet nou op', roept Cindy. 'Als we nu gaan, halen we de bus nog net.'

'Hij gaat pas om negen úú-úúr!' roept Olivia boos. 'Welke schoenen zal ik aandoen?' Ze kijkt naar Cindy's voeten. Die heeft roze sportschoenen aan.

Olivia wijst ernaar. 'Zijn die nieuw?'

Cindy knikt.

'Stom om die op schoolreisje aan te doen. Vanmiddag zijn ze vies.'

Cindy kijkt beteuterd naar haar schoenen. Ze is altijd heel netjes op haar kleren.

'Anders ga je toch even naar huis om andere aan te doen', zegt Olivia. 'Tijd zat.'

'Nee, dat haal ik niet.' Cindy begint op haar vingers te kluiven. Dat doet ze altijd als ze zenuwachtig is.

Rinus heeft oma's hoedje in zijn handen. 'Even stilstaan, burgemeester.' Hij zet het hoedje op oma's hoofd.

Oma glimlacht. 'Als ik je eerder had leren kennen dan Hendrik, was ik met jou getrouwd, Rinus, in plaats

41

van met hem. Hmmm! Ik geloof dat je ook naar ananas ruikt. De veer moet wel aan de achterkant, anders lijk ik net een indiaan.'

'Sorry, burgemeester.' Rinus draait het hoedje om. 'Zo goed? Heb je die brief al, Olivia?'

Olivia gooit de inhoud van haar rugzak op tafel. 'Nee, ik kan hem nergens vinden. Maar het was echt negen uur. Want ik dacht nog: fijn, dan kan ik een halfuurtje uitslapen.'

Cindy kijkt weer op de klok. 'Kunnen we niet beter gaan? Als het toch halfnegen is, halen we het nog. Straks missen we de bus en daardoor het schoolreisje.' Haar stem klinkt een beetje huilerig.

Baby! denkt Olivia. Cindy kan zich zó aanstellen. Olivia doet expres langzaam met het inpakken van de tas. Intussen kijkt ze stiekem naar Cindy. Soms is het zó leuk om haar te pesten.

Rinus houdt oma zijn arm voor. 'Wij zijn klaar, dametjes! Kom, burgemeester. We brengen de meisjes weg en daarna gaan wij samen gezellig naar de brillenwinkel.'

Pas als iedereen buiten staat, komt Olivia op haar gemak aanlopen. 'Tijd zat.'

Cindy en Olivia kruipen in de achterbak. Rinus helpt oma voorin.

'Moet die riem niet vast?' roept oma als Rinus het portier dicht wil slaan. 'Ik kan me als burgemeester niet veroorloven om de wet te overtreden.'

Rinus maakt de veiligheidsriem stevig vast.

Oma snuift de lucht op. 'Hmmm! Het is echt ananas, hoor. Maar je moet je wel beter scheren, Rinus. Ik zie allemaal stoppels. Dat prikt en daar hou ik niet van.'

Cindy kijkt op haar horloge. 'We komen vast te laat', jengelt ze.

'Doe niet zo stom', zegt Olivia. 'Het was negen uur. Ik ga toch niet mijn eigen schoolreisje missen.'

Rinus start de motor. Er klinkt een harde knal.

'O, straks doet hij het niet', dreint Cindy.

Olivia grijnst naar Cindy. 'Dat kan. Het is al een heel oude auto. Misschien houdt hij er vandaag mee op. Voorgoed.'

Rinus geeft flink gas. De motor pruttelt eerst nog wat, maar dan rijden ze weg.

Het is druk. Het duurt langer dan anders.

Cindy kluift nog steeds op haar vingers.

Als ze bijna bij school zijn, proberen Cindy en Olivia langs Rinus door de voorruit te kijken.

'Waar moesten jullie verzamelen?' vraagt Rinus.

'Gewoon op het plein', antwoordt Olivia.

Het plein is leeg.

'O nee!' roept Cindy wanhopig. 'Ze zijn al weg. Zie je wel, stommerd. Mijn hele schoolreisje verpest. Het is jouw schuld.'

'Kan ik het helpen…' zegt Olivia zacht.

Rinus parkeert de auto. 'Ik zie inderdaad niemand meer. Was het wel vandaag?'

Cindy knikt. 'En ze gingen om halfnegen weg.'
'Ja, dat weet ik nu wel', zegt Olivia pinnig.
'Jammer', zegt oma. 'Ik had jullie zo graag uit willen
zwaaien. Het is altijd zo'n vrolijk gezicht zo'n bus vol
met kinderen. Gaan jullie nou mee naar de brillenwinkel?'
Cindy begint te snikken.
'Dat heb je fijn geregeld, Olivia', zegt Rinus. 'Het
moet van jou ook altijd anders. Nou zie je eens wat er
van dat eigenwijze gedoe komt. Waar gingen jullie precies heen? Misschien kunnen we de bus nog inhalen.'
'Naar een heel groot zwembad', zegt Olivia. 'Het staat
in de brief.'

Cindy zegt snikkend: 'Het was een tropisch zwempa-
radijs. Dat is veel leuker.'
Rinus grinnikt. 'Sorry dat ik moet lachen. Maar
mevrouwtje-altijd-anders, zwembad of tropisch zwem-
paradijs, dat kan wel wezen, maar waar is die brief nou?
Zonder dat ding weet ik niet waar ik heen moet rijden.'
'Die heeft Olivia kwijtgemaakt', jengelt Cindy.
'Heb je zelf geen brief?' snauwt Olivia.
'Die ligt thuis.'
'Stom! Hé, daar is de conciërge!' Olivia wijst naar een
meneer met een snor die een vuilcontainer over het
plein duwt. 'Hij weet wel waar ze heen zijn.'
Rinus stapt uit de auto en loopt naar de man toe. Ze
zien dat ze even met elkaar praten.
Als Rinus even later weer instapt, zegt hij: 'Ze zijn al
een halfuur geleden vertrokken, maar misschien halen
we ze nog in. Ik weet in elk geval waar ze naartoe
gaan. Dus desnoods kan ik jullie brengen.'
Cindy veegt haar ogen met haar mouw droog.
Rinus start de motor.
Iegh… iegh… iegh…
'O, nee hè!' roept Cindy wanhopig.
Rinus geeft flink gas. Pruttelend begint de motor te
draaien. 'Je moet dat ouwe beessie af en toe eens goed
op zijn staart trappen. Dan wil hij wel weer.' Ze rijden
weg. 'U moet nog even wachten op die nieuwe bril,
burgemeester. Eerst de kinderen wegbrengen.'
'Zien we de bus dan nog?' vraagt oma.

'Het is wel de bedoeling', zegt Rinus terwijl hij de rij-
baan op rijdt en vol gas wegstuift.

Ze rijden de stad uit en dan de grote weg op.

'Daar is de bus!' roept Olivia. 'Vlug, Rinus! Toeteren!
Dan stoppen ze misschien.'

Hard toeterend naderen ze de bus.

'Ga ernaast rijden!' roept Olivia.

Achter in de auto zitten geen ramen, dus Olivia en
Cindy moeten over oma heen hangen om naar de bus
te kijken.

Oma's hoedje zakt bijna voor haar ogen.

De bus zit vol met oude mensen. Ze staren naar de
toeterende auto naast hen.

'Zal ik dan zwaaien?' vraagt oma.

'Doe maar, burgemeester', zegt Rinus. 'Het zijn ten-
slotte uw collega's.'

Oma zwaait. 'Zijn het allemaal burgemeesters? Waarom ben ik dan niet uitgenodigd?'

'Nee, dat bedoel ik niet', zegt Rinus. 'Ik bedoel dat
het ook bejaarden zijn, zoals u.'

'Ik?' roept oma.

'Daar rijdt nog een bus!' roept Cindy. 'Dat is hem vast.'

Rinus scheurt erachteraan, maar weer is het niet de
bus die ze zoeken. 'Het maakt niet uit. Ik rijd wel
regelrecht naar dat zwembad. Ik weet een sluiproute.'

Ze gaan van de snelweg af en rijden vervolgens een
hele tijd over kleine landweggetjes.

Als ze langs een bord komen, zegt Rinus: 'Ik dacht dat

ik goed zat, maar die plaatsnamen herken ik helemaal niet.'

Olivia hangt over Rinus' schouder. 'Kun je niet ergens de weg vragen? Ja! Daar is een benzinestation.'

Rinus stopt bij het benzinestation en stapt uit.

Lachend komt hij even later terug. 'Het is hier vlakbij.' Hij start de motor.

Iegh... iegh... iegh...

'Trap hem op zijn staart!' roept oma. 'Olé!'

Maar deze keer lukt het niet om de motor weer te laten draaien.

'O nee', jammert Cindy. 'Nu is hij echt kapot.'

Olivia kijkt de andere kant op.

Rinus stapt uit en doet de klep open. Als hij terugkomt, probeert hij de motor weer te starten. Iegh... iegh... iegh...

'Hij is echt kapot', zegt Cindy. 'Mijn hele schoolreisje verpest. Het is jouw schuld.'

'Niet!' roept Olivia boos. 'Kan ik het helpen dat die auto kapotgaat.'

'Wel! Als we op tijd waren geweest, hadden we gewoon in de bus gezeten.'

Olivia kijkt Cindy boos aan. Soms kan die griet zó irritant doen.

Oma draait het raampje naar beneden en roept tegen Rinus: 'Bel het stadhuis en zeg tegen de bode dat hij een andere auto stuurt. En snel, want we gaan op schoolreisje.'

'Ik zal kijken wat ik kan doen', zegt Rinus. Hij loopt terug naar binnen.

Cindy zit weer te kluiven. Als het zo doorgaat, eet ze al haar vingers op.

Rinus praat met een man. Die schudt zijn hoofd. Rinus wijst naar zijn auto. De man schudt weer zijn hoofd. Hij zegt vast dat hij niet kan helpen. Rinus komt naar buiten. Hij blijft staan en kijkt rond. Opeens rent hij naar de weg. Een boer komt op zijn tractor aan. Er hangt een wagentje achter met een koe erin. Rinus zwaait met z'n armen naar de boer. De tractor stopt.

'Hebben wij die besteld?' vraagt oma.

Rinus rent terug naar de auto. 'Uitstappen! Ik heb vervangend vervoer geregeld. Kom, burgemeester! U moet ook mee. Ik kan u hier niet alleen laten zitten. Bij het zwembad bellen we een taxi en dan gaan we naar de brillenwinkel.'

Oma zegt grinnikend: 'Je bent zeker bang dat ik er met je auto vandoor ga?'

De boer en Rinus hijsen oma op de tractor.

'Oeoeoe!' roept oma als de boer haar aan haar armen naar boven trekt.

'Boeoeoe!' loeit de koe.

'U maakt snel vrienden, hoor ik, burgemeester', zegt Rinus lachend. Hij klimt op de tractor en gaat naast oma zitten, dan kan ze er niet vanaf vallen.

'Waar moeten wij?' roept Olivia.

'Gaan jullie maar bij de koe!' zegt de boer. 'Ze heet Mirna.'

'Leuk hè!' zegt Olivia tegen Cindy als ze hobbelend op weg gaan. 'Ben jij wel eens eerder met een koe op schoolreisje geweest?'

Cindy schudt haar hoofd.

Olivia lacht. 'Nee, hè. Dit is weer eens iets héél anders. Hihi!'

Even later hobbelen ze de parkeerplaats bij het zwemparadijs op.

De koningin op bezoek

Het is een bijzondere dag want de koningin komt op
bezoek in de plaats waar Olivia woont. De klas van
Olivia heeft een lied ingestudeerd. Dat mogen ze zingen in de hal van het stadhuis, waar de koningin zal
worden ontvangen. Kleine Margotje, die in groep vier
zit, mag haar een bosje bloemen geven, omdat haar
vader op het stadhuis werkt.

De kinderen moeten 's ochtends vroeg naar school
komen voor de laatste repetitie. Daarna gaan ze met
z'n allen naar het stadhuis.

De kinderen zijn opgewonden omdat ze de koningin
in levenden lijve zullen zien. Ze kennen haar wel van
een plaatje, maar dat is toch anders.

'Het haar van de koningin is niet echt. Dat is een
pruik', zegt Wouter beslist. 'Daarom heeft ze altijd
een hoed op, anders waait de pruik af.'

'Nee joh', zegt Cindy. 'Koninginnen hebben altijd een
hoed op en soms een kroon als ze met ministers praten.'

'Ik weet hoe dat gaat', zegt Gilles en met een deftige
stem zegt hij: 'Dames en heren. Ik ben de baas en jul-

lie moeten allemaal je mond houden. Begrepen?'

'Ik zou willen weten of de koningin ook wel eens moet overgeven', zegt Olivia. 'Of dat ze diarree heeft, zoals ik laatst had. En of ze dan ook in haar pyjama op de bank ligt als ze ziek is.'

'Nee, dat gebeurt vast niet', zegt Bram. 'Want zulke dingen zijn niet deftig. Als de koningin ziek is, ligt ze in haar hemelbed met een grote breedbeeld-tv aan het voeteneind.'

De kinderen verzinnen van alles over hoe de koningin leeft, maar niemand weet natuurlijk hoe het werkelijk gaat.

'Dat is haar geheim', legt juf uit. 'Want als je al die dingen over de koningin zou weten, vond je haar misschien maar een gewone mevrouw. En wie weet zeg je dan: ik vind het helemaal niet leuk om een gewone mevrouw als koningin te hebben. Zo iemand hoort anders te zijn dan wij.' Ze kijkt op haar horloge. 'Het is tijd om naar het stadhuis te gaan. Kom, dan kunnen jullie de koningin daar eens goed bekijken. Misschien mogen jullie haar wel een vraag stellen. Maar niet van die idiote vragen, hoor', zegt ze vermanend. 'Anders schaam ik me dood.'

In een rij gaan ze op weg. Terwijl ze erheen lopen, zegt Olivia tegen Cindy: 'Ik steek straks mijn vinger op en dan zeg ik: "Koningin, mag ik u alstublieft een vraag stellen?"'

'Nee, dat moet je zo niet doen', zegt Cindy. 'Je moet

'majesteit' zeggen. Je moet achteruitlopen en een reverence maken. Dat gaat zo.' Ze zet haar ene voet achter de andere en zakt een stukje door haar knieën. Gilles geeft Cindy een zet. 'Loop eens door. Je bent hier niet in het paleis.'

Cindy struikelt bijna en kijkt boos achterom. Dan zegt ze tegen Olivia: 'Je moet zeggen: "Majesteit, mag ik even uw aandacht voor een klein ogenblikje?" Dat is pas beleefd.'

'En wat moet ik dan vragen?'

'Of ze haar man wel eens zoent', antwoordt Cindy giechelend.

'Haar man is dood, hoor. Dat is zielig. Daar moeten we niet over beginnen.'

'Dan vraag je of ze wel eens de slappe lach krijgt.'

'Ja, dat ga ik doen. Ik durf het best.'

Ze zijn intussen bij het stadhuis aangekomen. Er staan al een heleboel mensen bij de ingang te wachten. Jammer voor ze, want al die mensen mogen niet naar binnen. De klas van Olivia lekker wel.

In de hal is het ook tjokvol. De mannen hebben allemaal een pak aan en de vrouwen hebben een hoed op. Margotje staat in een hoekje tegen de benen van haar vader aangedrukt. Ze vindt het zo te zien maar eng.

'Wie van die vrouwen is de koningin?' fluistert Cindy tegen Olivia.

Olivia haalt haar schouders op. 'Ze zien er allemaal nogal deftig uit.'

Er komt een meneer naar juf toelopen, die zegt dat de kinderen zich in een hoek van de hal moeten opstellen. 'Als de koningin dadelijk binnenkomt, geef ik een seintje dat jullie kunnen beginnen met zingen.'

'Ze is er nog niet', fluistert Cindy.

Na tien minuten klinkt er een vreemd, opgewonden geroezemoes door de hal. 'Nin... nin... nin...' En iedereen kijkt reikhalzend naar de ingang.

'Ja', zegt juf terwijl ze haar armen optilt om de maat aan te geven. 'Beginnen maar!'

Olivia vergeet te zingen. Ze ziet Margotje en hoe ze door haar vader naar voren wordt geduwd en dan de koningin het bosje bloemen geeft. De koningin buigt voorover en zegt iets tegen haar. Margotje zegt niets terug. Ze staart de koningin alleen maar aan. O, waarom doet ze toch niet haar mond open, denkt Olivia. Als ik daar stond... De koningin geeft de mannen en de vrouwen in de hal een hand. Ze zwaait lachend naar de zingende kinderen. Ze blijft even staan luisteren en fluistert iets in het oor van een mevrouw met een blauw fluwelen hoedje. Die zegt weer iets tegen een man en die weer tegen een andere man. De vrouw met het blauwe hoedje wijst de koningin naar een deur en begeleidt haar er vervolgens heen.

Cindy geeft Olivia een zetje. 'Hé, de koningin gaat naar de wc.'

Olivia aarzelt geen moment. Ze duikt snel weg achter Gilles, die voor haar staat, en kruipt op haar knieën

achter de andere kinderen langs tot ze bij de deur naar
de wc is gekomen. Vlug glipt ze naar binnen.

Het halletje voor de wc is leeg. Ze hoort dat er wordt
doorgetrokken. Even later gaat de deur van de wc open.
De koningin staart verbaasd naar Olivia. 'Wat doe jij
hier?'

'Ik moet een plas.'

De koningin loopt naar de wasbak om haar handen te
wassen. 'Heeft niemand je tegengehouden?' vraagt ze.
Ze droogt haar handen af en trekt haar rok recht.

'Nee.' Olivia steekt haar hand uit. 'Nog gefeliciteerd
met uw verjaardag.'

'Dank je, maar dat is wel een tijdje geleden hoor. Ik
was in januari jarig. Hoe heet jij?'

'Olivia Engel. Ik vind het leuk om met u te praten',
zegt ze er in één adem achteraan. 'Want ik heb nog
nooit een koningin van dichtbij gezien.'

De koningin glimlacht. Ze heeft een lief gezicht. Ze
lijkt een beetje op de vrouw van de dokter, vindt Olivia. Ze is eigenlijk een gewone mevrouw, maar dan
toch met iets koninginneachtigs.

'Heeft u huisdieren?' vraagt Olivia gauw.

'Ja, ik heb een hondje.'

'Denkt u ook wel eens: ik heb vandaag geen zin om
koningin te zijn?'

'Soms. Het is af en toe best vermoeiend.'

'Nou heb ik nog één vraag. Ik wil zo graag weten of…'

'Ja?'

Er wordt op de deur geklopt.

'Ik moet opschieten', zegt de koningin terwijl ze haar tas pakt. 'Het programma voor vandaag loopt anders in de soep. Wat wilde je nog vragen?'

Olivia krijgt een kleur. 'Eet u wel eens gewone dingen zoals boerenkool met worst en jus in het kuiltje?'

'Alleen in de winter. Maar dan soms twee keer per week, want ik ben dol op boerenkool.' Ze doet de deur open. Samen met de koningin stapt Olivia de hal in. De koningin zwaait naar de kinderen. Olivia, die achter de koningin staat, zwaait ook. De kinderen zwaaien lachend terug. Ze roepen en wijzen naar Olivia. De juf heeft niets in de gaten. Ze denkt vast: wat zijn de kinderen toch enthousiast voor onze koningin.

Olivia is in verwachting

'De poes van Cindy heeft jongen', zegt Olivia tegen
Rinus terwijl ze de telefoon neerlegt.
'Daar zal Kees, die kater van de buren, wel meer van
weten', zegt Rinus.
'Ik ga erheen.' Olivia rent de deur uit.
Hijgend belt ze even later bij Cindy aan. Ze wacht en
belt nog een keer, maar er wordt niet opengedaan. Hoe
kan dat nou? Ze had Cindy net nog aan de telefoon.
Nog maar eens bellen. Olivia kijkt door de brievenbus.
'Joehoe! Doe 'ns open. Ik ben het.' Maar Cindy hoort
haar niet. Teleurgesteld loopt Olivia terug naar huis.
Onderweg komt ze Wouter en Gilles op de fiets tegen.
'We gaan naar de oom van Gilles!' roept Wouter terwijl hij langskomt. 'Hij heeft jonge konijnen. Gilles
mag er eentje uitzoeken.'
Olivia kijkt hen na. Poesjes, konijntjes, iedereen lijkt
opeens jonge dieren te hebben.
'Ben je daar alweer?' vraagt Rinus als Olivia even later
binnenstapt.
Ze knikt. 'Ze hoorden me niet', zegt ze met een
bedrukt stemmetje.

'Dan was Cindy zeker bezig met haar jonge poesjes', zegt Rinus.

De bel gaat. Olivia rent naar de deur. Het is Corrie, het nichtje van Rinus. Ze heeft pas een baby gekregen, die komt ze aan haar oom laten zien.

Rinus buigt zich over de wagen. 'Hij lijkt sprekend op mij. Dat wordt een knappe gozer, Corrie.'

Olivia mag de baby even vasthouden. Hij heet Bartje.

'Bèèèh!' krijst Bartje.

Rinus kijkt bezorgd. 'Misschien heeft hij honger. Zal ik een boterhammetje voor hem maken?'

'Nee, oom Rinus', zegt Corrie. 'Bartje heeft nog geen tanden. Hij drinkt alleen maar melk.'

Olivia geeft Bartje terug aan zijn moeder. 'Weet je dat ik pas met de koningin heb gesproken?'

'Blub!' Bartje laat een boertje en spuugt zijn truitje onder. Het stinkt zuur.

'Heb je misschien een doekje?' vraagt Corrie aan Rinus.

Olivia kijkt toe hoe Corrie en Rinus met Bartje bezig zijn. Er gebeurt steeds wel iets waardoor hun aandacht op hem gevestigd blijft. Het lijkt wel of ze haar helemaal zijn vergeten. Stilletjes loopt ze de keuken uit. Ze sjokt de trap op naar haar kamer. Niemand denkt meer aan mij, denkt ze terwijl ze door het raam naar buiten staart. Kwekje en Sonja lopen door het gras op zoek naar eten. Die hebben alleen maar daar oog voor en anders voor elkaar. Kwekje is de afgelopen weken zo hard gegroeid dat hij bijna zo groot is als een volwassen eend. Had Sonja maar kuikentjes. Dan had ik ook wat om mee te spelen. En misschien komen Cindy en Wouter en Gilles dan wel bij haar kijken.

Maar Sonja heeft nog nooit een ei gelegd. Laat staan dat ze er een uitbroedt, zoals de kippen op de kinderboerderij. Misschien gebeurt het als ze al haar veren weer terug heeft.

Wacht eens! De kinderboerderij. Olivia krijgt een idee en rent meteen naar beneden. 'Ik ga even weg!' roept ze terwijl ze naar buiten rent.

Rinus en Corrie kijken nauwelijks op. Bartje ligt op tafel en krijgt een schone luier.

De kinderboerderij is niet ver. Zo hard ze kan fietst Olivia erheen. Ze weet precies waar de kippenren staat, want ze is er pas nog met de klas geweest. De haan en een paar kippen scharrelen op de grond naar eten. Niemand let op haar als ze de deur van de ren openmaakt. Ze buigt naar voren en ziet in het nachthok een witte kip zitten. Die zit vast te broeden.

Olivia kijkt snel om zich heen of niemand haar ziet en glipt het hok in. De kip maakt waarschuwende geluidjes. Pò-toktok!

'Rustig maar. Ik doe je niks.' Naast de kip in een kuiltje in het stro liggen drie eitjes. Die zijn vast van een andere kip die even aan het eten is. Olivia grist een ei weg en stopt het in haar zak. Vlug gaat ze het hok uit. Niemand heeft iets gemerkt.

Zo hard ze kan fietst ze weer terug naar huis. Als ze de fiets tegen het schuurtje in de achtertuin heeft gezet, gaat ze meteen naar het hok van Sonja en Kwekje. Voorzichtig haalt ze het ei uit haar zak. 'Kijk, Sonja. Dit wordt jouw kind. Je hoeft hem alleen maar uit te broeden. Ik ben benieuwd of het een jongen of een meisje is.'

Olivia maakt een nest van stro en legt het ei erin. 'Kom. Je moet er gauw op gaan zitten anders wordt het ei koud.'

Maar Sonja heeft helemaal geen zin om te broeden. Misschien denkt ze: da-ag! Ik ga een beetje met mijn kale bips op zo'n ei zitten. Doe het zelf maar. Ze loopt weg en gaat verder met eten zoeken.

Olivia dekt het ei met stro toe want ze is bang dat het anders te veel afkoelt. 'Kom nou, Sonja!' Ze pakt een handje voer uit een blik om haar te lokken. Sonja eet het voer op. Maar voor het ei heeft ze geen aandacht. Lang kan Olivia niet meer wachten, want dan wordt het ei te koud. Ze denkt even na. Er zit niets anders op. Dan moet ze het zelf maar uitbroeden. Ze pakt het ei en rent ermee naar binnen.

Er is niemand in de keuken. Misschien is Rinus Corrie met de auto naar huis brengen. Olivia kijkt rond. Ze moet iets hebben om het ei in warm te houden. In de la vindt ze een gebreide eierwarmer. Ze stopt het ei erin. Maar zo zal het op den duur toch afkoelen. Op de ijskast ligt een zakje waar bonbons in hebben gezeten. Ze pakt het en doet het ei met eierwarmer en al erin. Dan doet ze haar trui en haar T-shirt uit en steekt haar arm door het koordje van het zakje tot het precies onder haar oksel hangt. Zo, daar blijft het ei lekker warm. Het kost nog wel een beetje moeite om haar kleren weer aan te trekken, maar het lukt. Tevreden gaat ze aan de keukentafel zitten.

Na een tijdje komt Rinus terug. Hij zet een zware boodschappentas op het aanrecht. 'Wat heb je uitgespookt?' vraagt hij terwijl hij Olivia onderzoekend aankijkt.

'Ik ben in verwachting', antwoordt Olivia grinnikend. Ze gaat staan en doet haar trui omhoog. 'Ik broed een ei uit. Ik word moeder.'

'Wat heb ik nou aan mijn fiets hangen!' roept Rinus uit. 'Heb je een ei gelegd? Ik geloof mijn ogen niet. Ik wist dat je een bijzonder kind was, maar zó bijzonder. Pas maar op dat Sonja het niet ziet. Straks wordt ze nog jaloers op je.'

Olivia lacht. 'Het is echt waar, hoor. Wil je het zien?' Ze wil het zakje onder haar oksel vandaan halen maar dan knap! breekt het koordje. Het zakje valt. Klets. Het ei breekt. Rinus en Olivia kijken er allebei beduusd naar.

'Jammer', zegt Rinus.

'Het geeft niet', zegt Olivia. 'Ik heb eigenlijk nog geen zin om moeder te worden.'

'Gelukkig maar', zegt Rinus. 'Want ik weet zeker dat

ik dan had moeten oppassen. En als ik ergens een
hekel aan heb, is het aan poepluiers. Als je de billen
van Bartje vanmiddag had gezien. Tjonge jonge.
Helemaal onder de pindakaas, leek het wel. En stin-
ken!'
'Vind je mij leuker dan een baby?' vraagt Olivia.
'Veel leuker.'
Olivia gaat aan de keukentafel zitten en pakt haar verzenschrift. 'Weet je waarom ik geen moeder wil worden?'
'Nou?'
'Dan heb ik vast geen aandacht meer voor jou en dan
ga je misschien weg. En dat wil ik niet.'

Rinus lacht. 'Maak je geen zorgen. Ik blijf voorlopig hier. Zal ik een kopje thee voor ons samen zetten?'
Olivia knikt. 'Ik heb vanmorgen een nieuw versje verzonnen. Wil je het horen?'
Rinus knikt.

Heb je ook wel eens van die momenten
Dat je zo blij bent met jezelf?
Dat je in de spiegel kijkt
en denkt:
Goh, ik lijk vandaag wel elf.'

'Ik weet er ook een', zegt Rinus.

'Het is gelukkig niet meer zo fris.
Je kunt merken dat het zomer is.'

Het vreemdelandenproject

Over een paar weken is het grote vakantie', zegt juf.
'Sommigen van jullie gaan naar het buitenland. Daarom gaan we nu beginnen aan het vreemdelandenproject. Het gaat over andere landen en hoe de mensen daar leven. Want dat is soms heel anders dan je hier bent gewend. We beginnen met een opstel.'
Rashid steekt zijn vinger op. 'Wij gaan naar mijn opa en oma in Marokko.'
Juf knikt. 'Nou, dan weet je vast een heleboel te vertellen over dat land en over de mensen die er wonen. Daar willen we graag iets over weten.'
'Van mij hoeft het niet', zegt Bram. 'Ik ga er toch nooit heen, want ik krijg altijd rode pukkels in de zon.'
'Ik doe iets over China', roept Cindy, 'want ik ben dol op loempia.'
'Dat is goed,' zegt juf, 'maar je moet meer informatie verzamelen. Alleen over loempia is niet genoeg.'
'Ik doe iets over IJsland', roept Bram. 'Want ik ben dol op ijsjes.' Hij doet net of hij zo hard moet lachen dat hij van zijn stoel valt. Niemand kijkt ervan op.

Bram is altijd druk. Soms rent hij heel hard door de klas. En pas klom hij zomaar boven op zijn tafel.
Juf heeft gezegd dat het beter is om net te doen of je het niet merkt. Dan wordt Bram vanzelf weer rustig. Maar dat is moeilijk! Dat moet je kunnen. En soms vergeet je dat het Bram is en dan ga je ook gek doen of je wordt boos. En dan krijg je een herrie!
'Wij gaan naar de camping in Zeeland', roept Wouter. 'Dat is heel leuk', zegt juf. 'Maar het project gaat over vreemde landen, dus dan moet je maar een land kiezen waar je graag naartoe zou willen. Kijk anders eens in de atlas of in de encyclopedie. Jullie kunnen ook informatie op internet vinden. Dan moet je naar de kamer van meester Ferry. Daar staan de computers.'
Olivia weet niet over welk land ze het zal hebben. Ze is nog nooit in een ander land geweest. Over Frankrijk, waar ze in de vakantie heen gaan, wil ze niet eens denken. Die stomme Kleihansen met hun zomerhuis ook.
Olivia kijkt de klas rond. Alle kinderen hebben een land opgenoemd. Er is er vast niet één meer over. De meesten zijn al aan de gang. Alleen Bram niet. Hij zit achterstevoren en lacht naar Wouter. Die is al begonnen met schrijven. Bram probeert zijn aandacht te trekken. Maar Wouter reageert niet. Olivia moet erom lachen. Bram is altijd zo grappig. Het is helemaal niet erg dat hij een beetje druk is. Anders was het maar saai in de klas.

Bram blijft de aandacht van Wouter trekken. Olivia
ziet dat Wouter probeert om rustig te blijven, zoals juf
heeft gezegd. Maar Bram geeft niet op.

Wouter geeft Bram opeens een stomp. 'Hou je eens
op, zenuwlijder! Ben je je pilletje soms vergeten?'

Oeps! Dat had Wouter niet mogen zeggen. Niemand
mag Bram met zijn pilletje plagen, heeft juf gezegd.

'Hou je bek!' roept Bram boos. Hij geeft Wouter een
harde stomp terug.

In een mum van tijd liggen ze over de grond te rollen.
Juf heeft moeite om ze uit elkaar te halen. 'En nu
ophouden!'

'Hij begon!' roept Wouter. Zijn lip trilt van boosheid.
'Niet! Hij!'

'Hij zit altijd te pesten. En ik word gek van dat bewegen de hele dag. Hij kan toch ook wel eens stil zitten.'

Bram roept: 'Hij zei dat ik mijn pilletje ben vergeten.'

'Dat mag ik toch best zeggen?' zegt Wouter. 'Dat
Bram druk is als hij zijn pilletje is vergeten.'

Juf zucht. 'Ik zal het jullie nog eens goed uitleggen.'
Ze loopt naar haar tafel. 'Luister, jongens. Jullie weten
dat Bram altijd een beetje druk is. Daar moeten jullie
rekening mee houden. Als jullie daar gewoon niet op
letten, gaat het vanzelf over. Hè, Bram?'

Bram knikt. Hij lacht alweer. Zo gaat het met Bram.
Dat is zo leuk van hem.

'Weet je wat, Bram', zegt juf. 'De kinderen weten dat
je druk bent en dat je rustiger wordt als je een pilletje

neemt. Misschien moet je ze eens uitleggen hoe het precies zit.'

Bram knikt. Hij haalt eerst diep adem. 'Ik moet een pilletje nemen omdat ik ADHD heb. Zo heet dat. Eigenlijk heet het een Engels woord, maar ik ga niet zeggen wat voor woord het is, want jullie kunnen toch geen Engels. Het is heus geen ziekte, als je dat soms dacht. Het betekent dat het druk is in je hoofd. En dat je benen steeds willen bewegen, ook al wil je het zelf niet. Als ik mijn pilletje neem, word ik rustig. Maar soms vergeet ik het.' Bram kijkt trots de klas rond. Cindy is een beetje op Bram en zegt zwijmelend: 'Zo hé! ABCD.'

De andere kinderen kijken ook allemaal bewonderend naar Bram. Je ziet dat ze denken: wat is Bram toch bijzonder.

'Zo, en nu gaan we weer verder met het vreemdelandenproject', zegt juf. 'Olivia, wat kies jij voor land?'

'Ik moet nog even nadenken.'

'Ik ook!' roept Bram.

Even later landt er een opgevouwen papiertje op Olivia's tafel. Ze kijkt om zich heen. Bram zit naar haar te grijnzen.

'Maak open!' zegt Cindy zacht.

'Willen jullie verkering?' staat er op het briefje. Olivia schrijft eronder: 'Ga maar lekker op je kop staan.' Ze vouwt het papiertje weer op en smijt het terug naar Bram.

Als hij ziet dat juf niet kijkt, probeert hij naast zijn tafel op zijn kop te gaan staan.

Olivia en Cindy moeten hard lachen.

Kledder! Met een harde klap valt Bram tegen een andere tafel.

'En nu is het genoeg!' roept juf boos.

Gilles steekt zijn vinger op. 'U moet proberen niet te reageren, juf. Dan wordt hij vanzelf weer rustig.'

De klas lacht.

Opeens weet Olivia over welk land ze het gaat hebben:

Achter De Horizon Droomland.
Heel ver, achter de horizon, ligt een bijzonder land.
Daar wonen heel bijzondere mensen. Ze doen bijzondere
dingen, zoals op hun hoofd staan zonder handen. Alle
kinderen spelen de hele dag buiten. Ze rennen en ze doen
heel erg gek. En ze moeten altijd hard lachen. Als ze moe
zijn, gaan ze naar bed. Dat is altijd heel laat. En de vol-
gende dag gaan ze weer verder.
Ik wou dat wij naar dat land gingen.

En dan ook nog een vers speciaal voor Bram:

Wil je rennen?
Wil je gillen?
Trek maar door de plee
die pillen!
XXXX O.

Ze schrijft het op een briefje en zet erachter: 'Maar ik ben niet op je. Als je dat soms dacht.'

Ze vouwt het briefje op en smijt het naar Bram.

Als hij het heeft gelezen, kijkt hij verbaasd naar Olivia. Voor één keer weet hij niet wat hij moet zeggen.

Knikkertijd

Het is knikkertijd. Alle kinderen zijn aan het knikkeren: vóór schooltijd, in de kleine pauze, in de grote pauze, na school, voor en na het eten. Waarschijnlijk zijn er kinderen die in hun slaap ook nog knikkeren.
'Het is een zo onwijs stom spelletje', zegt Olivia tegen Cindy. 'Waar gaat het nou eigenlijk om? Wie de waardevolste knikkers in een potje kan pieken. Poeh! Daar is toch niks aan?'
Cindy knikt. 'En als je geen knikkers meer hebt, kun je maar beter op vakantie gaan. Want niemand wil iets anders doen.'
Ze zitten op een muurtje vlak bij het plein. Olivia heeft een washandje in haar handen waar nog maar drie knikkers in zitten. Cindy heeft helemaal niets meer.
Een eindje verder zijn Wouter en Gilles bezig met een potje. Ze zijn de besten van allemaal. Wouter heeft al zo veel knikkers gewonnen dat hij ze in een plastic emmertje heeft gedaan. En Gilles heeft ze in zijn rugzak zitten.
'Ja-ha!' juicht Wouter. 'Twee discobonken voor mij!'

'Nog een potje?' roept Gilles. 'Je moet me de kans geven om ze terug te winnen. Eerlijk is eerlijk.'

Er klinkt weer gejuich. Nu heeft Gilles gewonnen.

'Twee discobonken. Dat is één berenbonk en ik kreeg nog drie dolfijntjes van je.'

'Wil je daarvoor in de plaats parels? Want ik heb nog maar één dolfijntje.'

Gilles loert in Wouters emmer. 'Ja, maar dan wil ik vier parels, want die zijn minder waard dan dolfijntjes en één mooitje.'

Trots lopen ze even later met hun buit langs.

'Hé, gaan jullie mee naar het veldje?' roept Olivia.

Wouter en Gilles hebben niet eens tijd om te stoppen.

'Nee, we gaan de jongens van de Piet Heinschool inmaken', roept Wouter. 'Er zijn er een paar bij die hebben zakken vol met knikkers. Die willen wij hebben.'

'Hebben jullie nog niet genoeg?' roept Cindy ze achterna.

Gilles kijkt om. 'Nee, we hebben pas genoeg als niemand meer één knikker heeft. Ha, ha!'

'Ja', roept Wouter. 'Maar het gaat de goede kant op. *We are the champions*!' Zingend lopen ze verder.

'Uitslovers!' zegt Olivia.

Wouter draait zich om. 'Kom ons maar aanmoedigen. Als ze zijn ingemaakt, gaan we mee naar het veldje.'

Olivia steekt haar tong uit. 'We hebben wel iets beters te doen. Kom mee, Cin! Dan gaan we naar Rashid.

Die heeft vast geen zin in dat stomme knikkeren.'
De tweelingbroertjes van Rashid doen open. Ze lijken op hun broer, maar nog veel meer op elkaar. Niemand kan ze uit elkaar houden. Bovendien praten ze elkaar altijd na. Het zijn net twee papegaaien.
'Hij is daar!' zegt de linker.
De ander wijst in de richting van het plein. 'Ja, hij is daar!'
Op het plein is het een ware veldslag. Overal zie je kinderen zitten knikkeren. Er wordt gejuicht, maar ook gescholden als iemand flink heeft verloren. Rashid doet een potje met een jongen met rood haar.
'Hij ook al!' zegt Olivia teleurgesteld.
Ze lopen naar hem toe.
'Kom je mee naar het veldje, Rashid?' vraagt Olivia.
Rashid hoort het niet eens. Met het puntje van zijn tong uit zijn mond piekt hij een knikker in een richeltje.
'Ja-ha!' juicht hij. 'Zes vlammetjes gewonnen.' Hij stopt ze in een bruin zakje. Het puilt uit van de knikkers.
De andere jongen heeft alles verloren en gooit boos zijn zakje op de grond. 'Stom spel! Ik heb geen zin meer in knikkeren.'
Olivia en Cindy kijken hem na.
'Zullen we hem vragen?' zegt Cindy aarzelend.
'Maar niet. Hij is van de Piet Heinschool. Dat zijn onze vijanden.'

'Wat zei je?' vraagt Rashid aan Olivia.

'Of je mee komt spelen?'

Hij houdt zijn zakje op. 'Wil je een potje met mij?'

'Oké. Maar ik heb nog maar drie knikkers.' Olivia haalt ze uit het zakje.

'Zo weinig. En het zijn piraatjes. Die zijn helemaal geen barst waard!' roept Rashid. 'Die kun je net zo goed weggooien.' Hij draait zich om en loopt naar een jongen met een rastakapsel.

'Niemand ziet ons meer staan', zegt Cindy. 'Je telt alleen nog maar mee als je veel knikkers hebt.'

'Ja, hoe meer hoe beter. Het maakt niet uit of je aardig bent of niet. Ga je mee naar mijn huis? Dan gaan we met Sonja en Kwekje spelen.'

'Als die ook maar niet aan het knikkeren zijn', grinnikt Cindy.

'Is er iemand?' roept Olivia als ze de keuken in komen. Cindy wijst naar de tuindeuren, die openstaan. 'Ze zitten buiten!'

Oma en Rinus zitten over iets heen gebogen. Ze kijken niet op.

'Ja-ha!' juicht oma. 'Ik heb gewonnen.'

'Nee hè!' roept Olivia uit.

'Het is nergens meer veilig', zucht Cindy.

Oma pakt de knikkers van de tafel en gooit ze in een blauwe plastic slabak. Er ligt een opgerolde theedoek op de tafel. Dat is het potje. 'Hallo, kindje! Dag, Cindy!'

'Dag, oma.'

'Dag mevrouw Everdingen', zegt Cindy.

'Nog een potje, Rinus?'

'Ik ben bijna blut, burgemeester. Ik moet trouwens nodig de piepers jassen. Als uw dochter thuis komt, moet het eten klaar zijn.'

'Ach! Dan bestellen we toch pizza! Toe, nog één potje. Dan kun je je knikkers weer terugwinnen. We spelen om mijn mooiste berendonk en... eh... 'ns kijken...' Oma tuurt in haar slabak. 'Ik doe er twee spetters bij en ook nog drie turtels. Nee, ik weet het goed gemaakt: ik doe er twee pinguïns bij en ook nog drie duivels. Je durft toch wel?'

'Durven?' herhaalt Rinus. 'Nou, ik ben eigenlijk als de dood voor u, burgemeester. Maar vooruit! Nog één potje. Mag ik beginnen?'

'Hoe weten jullie dat allemaal?' vraagt Olivia. 'Knikkeren is toch alleen voor kinderen?'

'Ssst!' doet oma. 'Je haalt me uit mijn concentratie.'

Cindy stoot Olivia aan. 'Misschien moeten we emigreren. Als de grote mensen ook al gaan knikkeren... Er is hier voor mensen als wij geen plaats meer.'

Ze zien hoe Rinus zijn knikkers wegpiekt. Dan is oma aan de beurt.

'Let op!' zegt Rinus. 'Ze is geloof ik kampioen knikkeren geweest. Oude mensen herinneren zich heel goed wat ze vroeger deden.'

Achter elkaar piekt oma haar knikkers feilloos in het potje. 'Ja-ha! Gewonnen!' Ze houdt haar hand op.

'Kom maar hier met de poet, Rinus! Ik heb je inge-maakt.' Ze kijkt naar Olivia en Cindy. 'Jullie een pot-je?'

'We hebben geen knikkers meer', antwoordt Olivia. 'En we willen met Sonja en Kwekje spelen.'

'Als die tenminste willen', zegt Cindy erachteraan.

'Wordt het niet eens tijd voor uw middagdutje, bur-gemeester?' vraagt Rinus. 'Als u veilig in bed ligt, kan ik even boodschappen gaan doen.'

'Zeker bang dat ik de boel in de fik steek? Ik ben niet dement, hoor.'

'Nee, alleen een beetje vergeetachtig. Zoals gisteren toen u de badkraan open had laten staan.' Hij houdt oma zijn arm voor.

'Nou, vooruit dan maar. Tot straks, meisjes! Als jullie met mijn knikkers willen spelen, mag dat, hoor. Ik weet nu dat ik het nog kan. Dat is genoeg. Wil jij me even de trap op helpen voor je weggaat, Rinus?'

'Slaap lekker, oma!' roept Olivia.

De slabak met knikkers blijft op de tuintafel achter. Cindy buigt zich erover: 'Zo hé. Dat zijn er wel onwijs veel. Je oma is echt kampioen. Ik wed dat ze de meeste knikkers heeft van allemaal.'

'Ik weet iets.' Olivia lacht geheimzinnig. 'Kom mee.' Ze tilt de bak op. Hij is loeizwaar. 'Let maar op! Dadelijk willen ze weer allemaal met ons spelen.'

Hittegolf

Het is grote vakantie. Cindy is met haar vader en
moeder met hun caravan naar Spanje. En Wouter is
met zijn moeder en Ankie naar de camping. Rashid is
naar Marokko en Gilles is naar zijn eigen vader. Het is
maar saai in de buurt. En heel erg heet, want er heerst
een hittegolf.

'Dit is de saaiste vakantie van mijn leven', moppert
Olivia. 'Bloedsaai en stikheet! En stiksaai en bloed-
heet. En alles is stikstom.' Ze geeft een schop tegen
een plastic emmertje dat in het gras ligt.

Rinus heeft het badje opgeblazen, zodat Kwekje lekker kan zwemmen. Sonja zit ernaast te puffen. Kippen
kunnen niet zwemmen.

Olivia heeft een piepklein bikinibroekje aan en klimt
ook in het badje. 'Kom, Sonja! Alle dieren kunnen
zwemmen, dus kippen ook.'

Sonja rent kakelend weg.

'Hè, eindelijk!' zucht Olivia. 'Koelte! Ik wist niet dat
je zo naar kou kon verlangen. Was het maar vast
winter. Komen jullie ook?' roept ze naar Rinus en
oma.

Oma zit onder een parasol met haar voeten in een emmer water. Rinus gooit er ijsklontjes bij. Hij heeft een korte broek aan en een hemd waarvan de mouwen zijn afgescheurd. 'Wacht. Ik haal even de ventilator die ik van huis mee heb genomen. Hij staat nog in de auto.'

'Ja, graag.' Oma zit te puffen. 'En zeg tegen mijn secretaresse dat iedereen op het stadhuis morgen een tropenrooster heeft. Vroeg beginnen en 's middags vrij. In deze hitte kunnen we niet werken. En alle raadsvergaderingen worden afgelast.'

'Doe ik!' roept Rinus terwijl hij naar binnen loopt. 'En willen jullie straks ook een ijslolly?'

'Ja-ha!' roept oma.

'Komen jullie daarna met me spelen?' vraagt Olivia.

'Veel te heet, kindje!' Oma wappert met een opgerolde krant onder haar kin.

'Dit is de saaiste vakantie van mijn hele leven!' roept Olivia.

'Over een week gaan jullie naar Frankrijk', zegt oma. 'Dat is toch leuk?'

Olivia geeft geen antwoord. Ze vindt het helemaal niet leuk om naar Frankrijk te gaan. Zonder Rinus is er niks aan. Dat huisje van de vader en moeder van Leo is vast ook héél stom. Dat kan niet anders want die mensen zijn ook stom. Olivia krijgt een beetje pijn in haar buik als ze eraan denkt. 'Oma, kun jij de kraan van de tuinslang even aanzetten. Ik ga maar watervalletje spelen.'

'Dan moet ik uit mijn emmer.'

'Nee, de kraan zit vlak naast je. Je hoeft alleen maar je hand uit te steken en hem open te draaien.' Olivia heeft de slang in haar hand en wacht tot het water eruit komt. 'Hij doet het niet.'

Oma draait de kraan verder open. 'Zo moet hij het doen.'

'Niks, hoor.' Olivia houdt de slang omhoog. 'Zie je?' Oma kijkt even. 'Ik zie het al. Hij is geknakt. Wacht. Ik zal hem even goed leggen.' Ze stapt uit de emmer en pakt de slang op. En dan...

Olivia slaakt een gil.

De slang vliegt uit haar handen en kronkelt over het grasveld. Het water spuit alle kanten op. Oma probeert hem te pakken. Ze wordt kleddernat. Het water druipt van haar af.

Olivia gilt van de lach, hihi, hoho!

Oma probeert de slang te ontwijken. Maar die is veel sneller dan zij.

'Kijk uit!' roept Olivia.

Plons! Oma valt in het opblaasbadje. Bijna boven op Olivia. Kwekje stuift kwakend weg.

'Burgemeester!' Rinus is op het gegil afgekomen en probeert oma uit het water te trekken. Maar het gras is door het water glibberig geworden en hij glijdt uit. De tuinslang blijft als een dolle cobra alle kanten op kronkelen. Olivia hangt van het lachen over de rand van het badje.

77

Door het gegil en gespetter merken ze niet dat er bezoek is. De slang stopt opeens met kronkelen. Iemand heeft de kraan dichtgedraaid. Het is de vader van Leo.

Hij steekt zijn handen uit en tilt oma uit het badje. 'We zijn net op tijd, zie ik.'

Zijn vrouw staat met de ventilator in haar hand.

'Deze stond zomaar op straat. We hebben nog aangebeld. Toen zijn we maar naar binnen gelopen.'

Oma wringt haar jurk uit. 'Mensengod, dat was me wat.'

Rinus krabbelt omhoog. 'Ha, meneer Kleiduif!' Hij wijst naar het badje. 'Als u zin hebt om een paar baantjes te zwemmen, ga gerust uw gang!'

'Kleihuis!' verbetert Frans. Hij kijkt een beetje zuur. 'Nee, dank u. Wij kwamen even langs om te vertellen dat er iets vervelends is gebeurd. Eh… ons huisje in Frankrijk…'

Olivia plukt aan haar onderlip.

Mevrouw Kleihuis zet de ventilator op de tuintafel. 'Er is ingebroken. De hele boel is vernield. Ik ben bang dat jullie er niet heen kunnen.'

'Hè, wat sneu nou, Olivia', zegt oma.

'Ja, dat is heel sneu', herhaalt Rinus.

Olivia zegt niks. Het is net of er een mannetje in haar buik 'hiep hoi' staat te roepen.

Rinus zegt: 'Dan moet je maar met mij en Aad naar de camping. Als je moeder het goedvindt tenminste.'

'Mag ik ook mee?' vraagt oma.

'Joepie!' roept Olivia. 'Dit wordt de leukste vakantie van mijn leven!'
De Kleihuizen staan een beetje beduusd te kijken.

Halleluja!

Het is zondagochtend. Mama is een weekend weg met een vriendin.

Oma en Rinus zitten buiten in het zonnetje te ontbijten. Olivia hoort ze lachen. Het zijn net kwetterende vogels. Wat een vrolijk geluid.

Olivia zit in haar pyjama voor de televisie. Daar is iets bijzonders aan de hand. Er is een kerkdienst met allemaal mannen die als Sinterklaas zijn verkleed. Alleen zonder de mijter. De mensen in de kerk zingen een lied. Het is een heel saai lied. Maar daar kunnen ze ook niets aan doen. Dat moet zeker.

Een mevrouw houdt een baby in haar arm. Een van de sinterklazen gooit water over de baby en zegt: 'Wat is de naam van je vader en zijn hier geesten en spoken.' Of zoiets. Dan zegt die vent: 'Ik doop u Pieter de Jong.'

Die baby begint natuurlijk te huilen. Ja, als je zo'n plens water over je kop krijgt. Ook stom.

'Kom je ontbijten!' roept Rinus.

'Nee, kom eens kijken. Er is zoiets geks op de tv!'

Rinus loopt naar binnen. 'Wat is daar gek aan? Dat is

een kerkdienst. Dat kindje wordt gedoopt.'
'Dopen? Wat is dat?'
'Ja, daar vraag je me wat. Dan komt hij in de hemel
als hij doodgaat, dacht ik.'
'Gaan ze hem dan doodmaken?' vraagt Olivia
geschrokken.
'Nee, maar als hij toevallig dood zou gaan. Aan een
ziekte of zo. Dan weten ze zeker dat hij in de hemel
komt.'
'Ben ik ook gedoopt?' vraagt Olivia bezorgd.
'Nee! Daar doen wij niet aan', roept oma vanaf het
terras.
'Kom ik dan niet in de hemel?'
Rinus lacht. 'Jij wel! Je heet toch Engel van je achter-
naam? Met zo'n naam kunnen ze je niet weigeren.'
'En jij? En oma?'
'Ik denk het wel, maar ik weet het niet zeker', antwoordt Rinus. 'Niemand weet dat zeker. We weten
niet eens zeker of er wel een hemel is.'
Olivia denkt erover na. Grote mensen doen soms zo
raar. Ze wijst naar de tv. 'En die mensen dan?'
Rinus zegt: 'Sommige mensen denken dat ze zeker
weten dat er een hemel is. Misschien hebben ze gelijk,
misschien ook niet.'
Olivia is weer even stil. 'Is het net zoiets als in Sinterklaas geloven? Misschien bestaat hij, misschien ook
niet.'
Rinus knikt. 'Ja, daar lijkt het op. Maar het is toch

anders, want we weten zeker dat Sinterklaas níét
bestaat. En dat weten we van de hemel niet, want er is
nog nooit iemand van teruggekomen.'

'Ik begrijp het al', zegt Olivia. 'Het is zoals je gelooft
dat het is. Sommige kinderen geloven in Sinterklaas
en voor die kinderen is het waar. Tot iemand zegt dat
het niet zo is en je opeens in de gaten krijgt dat je
moeder al die cadeautjes koopt. Dan weet je dat het
niet waar is. Makkelijk.' Ze staat op en huppelt naar
buiten.

Als Olivia haar boterham op heeft, gaat ze Sonja en
Kwekje voeren. 'Omdat het zondag is, krijgen jullie
een beetje meer.' Ze strooit voer op de grond. Sonja
en Kwekje vliegen eropaf. Olivia pakt het drinkbakje
om het water te verversen. 'Komen dieren ook in de
hemel?' roept ze naar oma en Rinus.

'Ze zeggen dat je in de hemel komt als je lief bent
geweest', antwoordt oma. 'Dus dieren komen er
sowieso in. Eerder nog dan mensen. En bovendien
willen mensen in de hemel ook wel eens een kippen-
boutje eten.'

'Burgemeester!' zegt Rinus streng. 'Sonja wordt nooit
opgegeten. Ook niet in de hemel.'

Olivia gaat met het drinkbakje in haar schoot op de
grond zitten. 'Kom eens, jongens! Dan zal ik jullie
dopen. Ik weet niet zeker of er een dierenhemel is,
maar ik dénk het wel. En als je het denkt, dan is het
zo. Vraag maar aan Wouter en Gilles. Of aan oma! Jij

eerst Kwekje.' Ze spettert wat water over het eendje.
'Lekker? Ik doop u Eend Kwekje Engel en nu kom je
in de hemel van Olivia. En je hoeft niet bang te zijn,
want in die hemel eten ze geen dieren.'
Kwak! doet Kwekje. Dus die vindt het leuk.
En nu Sonja.
'Ik doop u Kip Sonja Engel en jij komt ook in de
hemel.'
Tok, doet Sonja. Ze rent hard kakelend weg.
'En nu nog een lied!' roept Rinus. 'Dan kunnen we de
dienst met z'n allen afsluiten.'
Olivia denkt lang na. Het is niet zo makkelijk om op
commando een vers te verzinnen. Na een tijdje roept
ze: 'Ik weet het!

Halleluja!
In de gloria!
Met z'n allen naar de hemel
van Olivia!'

Rinus gaat staan. Terwijl hij de maat aangeeft en Olivia op de pan roffelt, zingen ze met z'n drieën het lied.
Als het klaar is, zegt oma: 'Heel mooi! Dat was een
goed begin van de zondag.'

Kamperen

Als Olivia's moeder een paar dagen met oma naar
oma's zus in Deventer gaat, mogen Olivia en Cindy
met Rinus mee naar de camping aan zee.
Aad gaat ook mee. Hij is de maat van Rinus. Aad
heeft zijn haar in een staartje gedaan. Het is een grappig gezicht, want van achteren heeft hij een kale kop.
Het staartje hangt er als een varkensstaartje onder.
Als ze op de camping aangekomen zijn, begint Rinus
meteen met het opzetten van de tenten.
Olivia en Cindy zitten in het gras toe te kijken. Het is
zó verschrikkelijk warm. Veel te warm om te helpen.
'Pffft!' doet Cindy. 'Het lijkt hier Spanje wel! Maar
hier is het leuker, want hier kan ik met jou spelen.'
'Zo, die staat!' zegt Rinus terwijl hij het zweet van zijn
hoofd veegt. Hij kijkt tevreden naar het tentje dat hij
voor Olivia en Cindy heeft opgezet. 'Nu onze tent
nog. Gaan jullie maar vast naar het strand. Als je in de
buurt van de strandwacht gaat zitten, vinden we jullie
wel. En geen kattenkwaad uithalen graag!'
Olivia en Cindy springen op en rennen weg.

Ze gaan het duinpad over. Bij het strand blijven ze
even staan. Het is altijd zo'n verrassing om het strand
en de zee te zien. Er waait een lekker windje.
'Hmmm!' doet Olivia. 'Ik ruik... ik ruik zonnebrand-
olie.'
'Zullen we eerst in zee gaan?' vraagt Cindy.
'Nee, eerst maar een beetje kijken', antwoordt Olivia.
'Het leukste bewaren we voor het laatst.'
Ze lopen over de vlonders langs de houten huisjes.
Die kunnen de mensen huren om hun spullen in te
zetten en om zich in te verkleden. Halverwege is een
strandtent waar je eten en drinken kunt kopen.
Ze volgen een jongen die het trapje van de strandtent
op loopt. De jongen bestelt een ijsje.
'Hadden we maar geld meegenomen', zegt Olivia.
Er komen nog een paar kinderen aan. Ze bestellen
ook iets en lopen dan weg met een ijsje of met iets te
drinken. Een meisje scheurt een wikkel af en gooit die
in een vuilnisbak. Ernaast zit een grote, zwarte hond
te hijgen. Het kwijl druipt uit zijn bek. Hij hoopt
zeker dat er wat naast valt.
Olivia en Cindy en de hond staren verlekkerd naar de
mensen die allemaal wat komen kopen en daarna
smullend en slurpend en likkend weglopen. Hoe langer Olivia en Cindy blijven kijken, hoe meer trek ze
krijgen.
Ze zien een meisje met een wit schortje bij een tafeltje
staan afrekenen. Er valt iets op de grond en het rolt

tussen de planken van het terras. Het meisje en de man merken het niet.

Olivia stoot Cindy aan. 'Zag je dat! Misschien was het geld.' Ze kijkt om zich heen. 'Kom mee! We gaan kijken of er iets ligt. Dan kunnen we een ijsje kopen.'

Ze rennen het trapje af. De onderkant van het terras is afgezet met planken en stukken golfplaat.

'We kunnen er niet bij komen', zegt Cindy teleurgesteld.

'Misschien is er aan de achterkant een opening', zegt Olivia.

Maar ook daar is alles afgezet.

Olivia wijst naar een scheef gezakte golfplaat. 'Die kunnen we best weg krijgen!'

'Mag dat wel?' vraagt Cindy bezorgd. 'En is het geen stelen als we dat geld pakken?'

Olivia schudt haar hoofd. 'Niemand heeft gezien dat het geld viel. En als niemand het weet, is het van niemand. Dus is het ook geen stelen. Jij moet op de uitkijk staan.'

'Mag ik ook zitten? Het is zo warm.'

Olivia knikt. 'Mij best. Als je maar oplet. Met haar handen begint ze het zand dat tegen de golfplaat ligt, weg te graven. Even later is de plaat vrij. Olivia tilt hem opzij en kruipt het gat in. Door de kieren tussen de planken boven haar ziet ze de mensen op het terras zitten. Ze kruipt verder tot de plaats waar het meisje het geld heeft laten vallen. Ze voelt in het zand. Ja.

Hebbes! Het is een euro. 'Pssst', gebaart ze naar Cindy, die languit in het warme zand ligt.

Cindy kijkt op. Ze zwaait en gaat weer liggen.

Olivia zoekt verder. Nog een euro. En twintig eurocent en vijftig eurocent. En ook een aansteker. Weer een euro. Nog een aansteker. Het ligt vol met geld en spullen die de mensen hebben laten vallen. Olivia zoekt verder tot ze zeker weet dat er niets meer ligt. Mooi. Hier kunnen ze vast wel iets lekkers van kopen.

Als Olivia terug wil kruipen, hoort ze gegrom. Ze kijkt omhoog en ziet de neus van de zwarte hond. Hij snuift de lucht tussen de planken op. Ze hoort hem met zijn poten aan het hout krabben. Als ze op het terras maar niet merken dat er beneden iemand zit. Olivia kruipt verder. Maar steeds als ze zich beweegt, begint de hond te grommen.

'Hou je bek', roept Olivia zachtjes.

Cindy steekt haar hoofd door het gat. 'Wat zeg je?'

Olivia wijst naar boven. 'Die hond.'

'Kom maar', roept Cindy.

Terwijl Olivia terugkruipt, rent de hond boven met haar mee. Ze hoort hem blaffen. 'Wegwezen!' roept Olivia. 'Straks komt hij hierheen.'

Ze rennen hard weg. Achter de houten huisjes langs door het rulle zand. Tot ze bij de plek komen waar het pad door de duinen begint.

Als ze zeker weten dat ze veilig zijn, zegt Cindy hijgend: 'Hoeveel hebben we?'

Ze tellen het geld.

'Vier euro dertig!' zegt Olivia. 'Daar kunnen we wel iets lekkers voor kopen. Kom mee.'

'En die hond dan?' vraagt Cindy bezorgd.

'Die is ons allang vergeten. Anders kijken we eerst of hij er nog zit.'

Ze lopen weer over de vlonders naar de strandtent. De hond is gelukkig nergens te bekennen.

'Wat neem jij?' vraagt Cindy als ze het trapje op lopen. Bij de toonbank kijkt ze reikhalzend naar het bord waarop staat wat er te koop is.

'Ik neem…' zegt Olivia nadenkend. 'Ik neem zo'n rood waterijsje.'

Olivia bestelt twee ijsjes. Het is vier euro Ze betaalt en pakt de ijsjes aan.

Cindy tikt op haar schouder. 'Olivia!' Het klinkt bibberig.

Olivia kijkt opzij, recht in de muil van de hond. Hij lijkt groter dan toen hij daarnet naast de prullenbak zat.

Grrr…

Cindy doet een stapje opzij. 'Geef hem gauw een ijsje. Toe dan! Anders bijt hij misschien.'

Olivia gooit het ijsje naar de hond. Hij vliegt er meteen op af.

Zo hard ze kunnen rennen ze het terras af.

Een eind verder blijven ze hijgend staan. De hond is hen gelukkig niet achternagekomen.

'Nu hebben we nog maar één ijsje', zegt Olivia sip.
'En we hebben niet genoeg geld voor nog een ijsje.'
'Moeten we maar delen', zegt Cindy. 'Om de beurt
een likje. Maakt niet uit, we zijn toch bloedzusters?'
Olivia kijkt naar het ijsje. 'Of zullen we loten?'
'Ook goed! Kruis of munt! Ik doe munt.'
Olivia gooit een muntje de lucht in.
'Munt!' roept Cindy lachend als het muntje in het
zand ligt. 'Geef maar hier dat ijsje.' Ze steekt haar
hand uit.
Olivia kijkt boos. 'Eerst die hond en nou jij. En ik
heb al het werk gedaan.'
'Het is toch eerlijk geloot?' zegt Cindy lachend. 'Je

stelde het zelf voor. Maar je mag wel een likje.'
Olivia geeft het ijsje aan Cindy. Die scheurt de wikkel
open. Het ijsje is al flink gesmolten. Het ijswater
druipt over haar hand. Cindy likt het af. 'Lekker. Nu
jij.'
Dan: flats! De rest valt in het zand.
Ze staren er beduusd naar.
Olivia begint te grinniken. 'Ik geen ijsje, dan jij ook
niet. We zijn niet voor niks bloedzusters. Hihi! Ga je
mee naar de strandwacht? Misschien zijn Rinus en
Aad er al. Dan vragen we of we een ijsje mogen.'
'Ja', zegt Cindy. 'Maar dan moeten zij het kopen. Ik
ga dat terras niet meer op.'

Hoogbegaafd

's Avonds is er feest in de kantine van de camping. Olivia en Cindy maken zich mooi voor de spiegel in het wasgebouwtje. Het duurt zo lang dat Rinus zijn hoofd om de deur steekt en zegt: 'Aad wordt onrustig. Wij gaan vast voordat het bier op is. Tot zo!' Weg is hij.
'Ik doe mijn haar in een staart', zegt Cindy. 'En jij?'
Olivia kijkt in de spiegel en trekt haar haar naar achteren. 'Ik doe klemmetjes. Mag ik die van jou lenen?'
Cindy rommelt in haar toilettasje en geeft Olivia vijf klemmetjes. Allemaal een andere kleur. 'We moeten wel opschieten. Straks is het feest voorbij.'
Na een halfuurtje zijn ze eindelijk klaar.
De muziek uit de kantine schalt over de camping.
Buiten is een barbecue. Een rij hongerige mensen staat met een bord in hun handen te wachten. Olivia en Cindy lopen erlangs.
'Het is daar veel te druk', zegt Olivia. 'Zullen we eerst binnen gaan kijken?'
Rinus en Aad leunen met een pilsje in hun hand tegen een paal.

Als Rinus hen ziet, roept hij: 'Ah! Daar zijn de prinsesjes! Wat zien jullie er mooi uit.' Hij wijst naar Cindy's paardenstaart. 'Jullie zouden zo zusjes kunnen zijn, hè Aad.'

'Poeh!' zegt Aad. 'Je bent gewoon jaloers met die wc-borstel op je kop. Met zulk haar wil niemand vanavond met je dansen.'

'Dames en heren!' roept een man door de microfoon. 'We beginnen met de quiz. Wie meldt zich aan voor de eerste ronde? Er is een prachtige prijs te winnen.' Hij wijst naar een grote doos die op een tafel achter hem staat.

'Zullen we meedoen?' vraagt Cindy.

Ze lopen naar voren. Er staan een stuk of tien mensen te wachten. Cindy en Olivia gaan achter aan de rij staan.

De man met de microfoon wijst naar een mevrouw die vooraan staat. 'Komt u maar!'

De vrouw klimt het podium op.

'Mijn naam is Adri', zegt de man met de microfoon. Hij heeft een venijnig zwart snorretje. 'Ik stel alle kandidaten om de beurt een vraag. Wie hem goed beantwoordt, mag naar de volgende ronde. We gaan door tot we de winnaar over hebben.'

De vrouw knikt.

'De eerste vraag is: de president van Amerika heet Clinton. Is dat goed of fout?'

De vrouw denkt na. Dan klinkt er een piep. 'Te laat', zegt Adri. 'Volgende.'

Van de acht mensen die voor Olivia en Cindy zijn, weten er maar twee het goede antwoord. Dus dat schiet lekker op.

Cindy stoot Olivia aan. 'Nu zijn wij.'

'Dames en heren. Mag ik u deze jonge kandidate voorstellen', zegt Adri als Olivia naast hem staat. 'Hoe heet jij?'

'Olivia.'

'En hoe oud ben je, meisje?'

'Ik ben acht, maar ik ben eigenlijk negen, want ik ben bijna jarig.'

Adri moet er even over nadenken. Hij kijkt op de vragenlijst. 'Ik zal maar een makkelijke vraag stellen. Dat is wel zo eerlijk. Eh… De zomer begint op 20 juni. Is dat goed of fout?'

Olivia kijkt de zaal in. Ze ziet Rinus en Aad. Ze staan een beetje in de schaduw. Aad zwaait. Rinus houdt onopvallend zijn duim naar beneden. 'Het is fout', zegt Olivia. Ze lacht trots.

Iedereen klapt. 'Bravo!' roept Rinus. 'Bravo!'

Aad fluit op zijn vingers.

Dan is Cindy aan de beurt. Adri zegt: 'Nog zo'n dappere jongedame. Hoe oud ben jij?'

'Acht.'

Adri schraapt zijn keel. 'Ben je er klaar voor?'

Cindy knikt.

'De zomer eindigt op 21 september. Goed of fout?'

'Dat is fout', zegt Cindy.

'Sorry', zegt Adri. 'Jammer, jij valt af, want het was goed.'

Cindy loopt het toneel af.

Na een tijdje zijn alleen nog maar een man met een kaal hoofd en Olivia over, want Rinus weet alle antwoorden. Olivia denkt dat het komt doordat hij vaak kruiswoordpuzzels oplost.

'Hoe komt het dat je alle vragen weet?' vraagt Adri. 'Jij hebt zeker alleen maar tienen op school?'

Olivia knikt. 'Ik ben hoogbegaafd.'

Cindy maakt een raar snuivend geluid.

Olivia kan haar lachen haast niet inhouden.

'Dus we hebben hier een bolleboos op de camping?' vraagt Adri.

Olivia knikt.

De man met het kale hoofd staart haar aan. Wie weet denkt hij: was ik ook maar hoogbegaafd. Jammer voor hem!

Adri haalt diep adem. 'Nu wordt het spannend. Wie van jullie zal de winnaar worden? De volgende vraag is voor jou, Olivia.'

Olivia kijkt lachend de zaal in. Rinus geeft haar een knipoog.

'Als je in augustus geboren bent, heb je Leeuw als sterrenbeeld. Goed of fout?'

'Goed', antwoordt Olivia. 'Want ik ben zelf in augustus jarig. Makkelijk.'

Iedereen klapt.

'Nou, zo blijven we nog wel een tijdje aan de gang', zegt Adri. De man met het kale hoofd heeft zijn vraag ook goed.

Adri kucht. 'Nu wordt het echt moeilijk.'

'Geeft niks', zegt Olivia. Ze kijkt grijnzend de zaal in. Maar eigenlijk kijkt ze alleen naar Rinus.

'Kun je tegen je verlies?'

Olivia schudt haar hoofd.

'Hopen dan maar dat je de vraag goed beantwoordt. Let op: een kameel heeft twee bulten. Goed of fout?'

Olivia doet net of ze nadenkt, maar intussen kijkt ze stiekem naar Rinus. Die doet zijn duim omhoog.

'Goed', zegt Olivia.

Adri houdt even zijn adem in. Hij schudt zijn hoofd.

'Dat is helaas fout. Jammer, maar je hebt verloren.'

Hij keert zich naar de andere kandidaat. Die stapt lachend naar voren en kijkt begerig naar de doos op het tafeltje.

'Helemaal niet!' klinkt het vanuit de zaal.

Iedereen kijkt om.

Rinus wurmt zich naar voren en roept: 'Een kameel heeft twee bulten, meneer de quizmaster. Het was goed. Zij is de winnaar. Niet die biljartbal daar.' Rinus klimt het toneel op. Hij trekt de microfoon uit Adri's handen. 'Dames en heren! Mag ik u de winnaar voorstellen!' Hij houdt Olivia's arm omhoog. 'Applaus graag!'

Alleen Aad en Cindy klappen. Olivia weet niet zo goed hoe ze moet kijken. Ze voelt zich een beetje betrapt met Rinus naast zich.

Adri wordt boos. 'Geef hier dat ding.' Hij probeert de microfoon terug te pakken. 'Waar bemoeit u zich mee? Van het toneel af! En gauw! Wegwezen!'

'Nee', roept Rinus. 'Alleen als u toegeeft dat een kameel twee bulten heeft. Dat weet iedereen. Niet-waar, dames en heren? Hoeveel bulten heeft een kameel?' Rinus houdt de microfoon in de richting van de zaal.

'Een!'

'Twee!'

'Drie!' roept een grapjas.

De man met het kale hoofd probeert iets te zeggen, maar Rinus roept: 'Juist. Het zijn er twee. Dus dit meisje... Hoe heet je ook alweer?'

'Olivia, meneer.'

'Olivia heeft gewonnen!'

Adri geeft Rinus een duw. 'Van het toneel af. En gauw. Ik ben hier de baas en ik zeg dat een kameel één bult heeft.'

'Helemaal niet, snorrewietz! Die prijs daar is voor ons.' Rinus wijst naar de doos.

'Ons?' roept Adri.

Rinus knikt. 'Ja, want ik kom op voor de belangen

van de hoogbegaafde kinderen. Olivia, pak die doos maar!'

Olivia aarzelt.

Cindy loopt naar de doos en pakt hem op. 'Ik heb hem, Rinus.'

'Dit is een complot!' roept Adri. 'We zijn opgelicht.'

Cindy zeult de doos het toneel af. Bij het trapje naast het podium zet ze hem op de grond. Olivia loopt gauw naar haar toe. Giechelend sjouwen ze samen de doos de trap af en lopen tussen de mensen door de kantine uit.

Ze horen Rinus en Adri ruziemaken over de kameel en zijn bulten.

'Eén!'

'Nee, sukkel. Twee!'

Dan horen ze iemand zeggen: 'Mag ik nou even wat zeggen?'

Olivia en Cindy blijven staan en kijken om. Het is de andere kandidaat.

'Eh… ik geloof dat het meisje gelijk had. Een kameel heeft twee bulten en een dromedaris één. Eerlijk is eerlijk.'

Adri kijkt beduusd op zijn vragenlijst. Je ziet aan zijn gezicht dat hij leest dat hij zich heeft vergist.

Rinus houdt de microfoon onder Adri's neus. 'Wat zeg je dan?'

Adri kijkt hem verbaasd aan. 'Eh… Twee bulten?'

Rinus schudt zijn hoofd. 'Nee, gefeliciteerd.'

Adri knikt. 'Gefeliciteerd', zegt hij met een waterig stemmetje terwijl hij Rinus boos aankijkt. Die twee worden geen vrienden. Dat kun je zo zien. 'Maar dan zijn we nog niet klaar met de quiz.' Adri probeert de mensen in de zaal tot stilte te manen. 'Deze meneer heeft nog een kans om te winnen.'

'Boe! Boe!' roepen er een paar.

De man met het kale hoofd kijkt beduusd de zaal in. Dan zegt hij: 'Ik denk dat ik mij terugtrek.' De rest van zijn woorden kan niemand meer verstaan.

Rinus loopt het toneel af.

'En dan nu muziek!' roept Adri. 'Mag ik uw aandacht voor de band De Zandlopers?' Hij rent gauw het toneel af.

Buiten zetten Olivia en Cindy de doos op een tafeltje.

'Hoe wist jij al die vragen?' vraagt Cindy.

'Gewoon. Ik ben toch hoogbegaafd?'

Cindy zegt: 'Ja, m'n neus! Als jij hoogbegaafd bent, dan is die kip van jou het ook.'

'Kan best. Sonja is toevallig heel bijzonder.'

Rinus en Aad komen er ook bij staan.

'Maak open!' zegt Cindy. 'Ik ben zó benieuwd wat je hebt gewonnen.'

Olivia lacht geheimzinnig. 'Het kan alleen maar iets heel moois zijn. Het is zo'n grote doos.'

'Niet om het een of ander', zegt Rinus. Hij duwt Cindy en Olivia opzij. 'Maar die prijs is van mij, hoor. Want ik heb alle antwoorden voorgezegd. En ik heb ook nog om die prijs moeten knokken. Dus als ik even mag…'

'Ik wist het wel!' roept Cindy. 'Hoogbegaafd! Poeh!'

Rinus scheurt de verpakking van de doos. 'De enige die hier namelijk hoogbegaafd is, ben ik. Nietwaar, Aad?'

'Nooit iets van gemerkt. Maar als jij het zegt.'

'Wat is dit nou?' roept Rinus uit als het papier eraf is en hij de doos ziet. 'Al die moeite voor een föhn! Wat heb ik daar nou aan?'

'Dat komt goed uit, Rinus!' roept Olivia lachend terwijl ze naar zijn hoofd wijst. 'Zet maar een paar krulletjes in je wc-borstel!'

'Misschien kun je hem verpatsen?' zegt Aad grinnikend. 'Zo'n ding levert wel een paar knaken op. Vraag Adri of je de microfoon nog even mag lenen om het om te roepen. Hij is vast blij als hij je weer ziet.'

Binnen klinkt trommelgeroffel.

'Kom mee, Cin', zegt Olivia. 'Het feest gaat beginnen. Ga jij je maar lekker mooi maken, Rinus.'

'Ja, doe je best', zegt Aad tegen Rinus. 'Misschien wil Adri dan straks met je dansen.'

'Nee', zegt Rinus. 'Ik ga zo wel mee. Wij hoogbegaafden moeten het niet hebben van ons uiterlijk.'

Met zijn vieren lopen ze terug naar de kantine. De föhn blijft op het tafeltje achter.

(On)geluk

'Wij gaan even naar een bijeenkomst van de gemeen-
teraad', zegt Rinus met een knipoog tegen Olivia terwijl hij achter oma aan de keuken uit loopt. Even later
steekt hij zijn hoofd om de deur en zegt zachtjes:
'Eendjes voeren en langs de bakker.'
Olivia's moeder lacht. 'Doe de groeten aan de wethouder van Vogelzaken!'
Ze heeft een dagje vrij. Het is oppassen geblazen,
want vanmorgen kwam ze de keuken in lopen en had
ze dat T-shirt aan met die rode verfvlek erop. Dat
betekent dat ze gaat opruimen. Meestal heeft ze er na
één kast al genoeg van en dan begint ze zich met
anderen te bemoeien.
'Hang je jas op!'
'Zet je schoenen in de gang.'
'Ruim je kamer op.'
Ze begrijpt niet dat het helemaal geen rommel is,
maar dat de dingen zo horen te liggen.
Gelukkig gaat ze eerst iemand opbellen. Olivia hoort
dat ze dat gekke kantoorstemmetje opzet. Dan weet je
dat het úren gaat duren. Laat maar lekker kletsen!

Daarna moet ze waarschijnlijk werk voor kantoor doen. Zo gaat het meestal. Dan heb je voorlopig geen last meer van haar.

Olivia doet de keukendeur open en glipt de tuin in. Ze loopt naar het hok van Sonja en Kwekje en gaat ernaast in het gras zitten.

Net als ze denkt dat het gevaar is geweken, roept haar moeder met een schrille commandantenstem: 'Olivia!'

'Ik ga Sonja en Kwekje voeren', roept Olivia. En gauw erachteraan: 'En het hok schoonmaken.'

Haar moeder komt het terras op. 'Kom eens! Ik moet met je praten.'

Dat klinkt ernstig. Praten betekent dat je antwoord moet geven. En o wee, als je het verkeerde antwoord geeft. Dan blijft ze de hele dag aan je kop zeuren.

'Kom eens zitten.' Haar moeder wijst naar een tuin-stoel.

Olivia kijkt haar moeder achterdochtig aan. Zitten? Dan is er iets ergs aan de hand. Ze is zeker bang dat ik flauw ga vallen of zoiets, denkt Olivia.

'Hoe zou je het vinden als Leo bij ons komt wonen?'

'Wonen!' roept Olivia uit. Was ze nou maar gaan zeuren over de rommel in haar kamer of dat ze haar fiets in het schuurtje moet zetten. Of desnoods over school.

Haar moeder knikt. Ze lacht. 'We hebben het nog niet besloten. We denken er alleen over.'

Als je moeder blij is omdat ze ook eens verkering heeft, kun je geen onaardige dingen zeggen. Dat is zó flauw. Maar hier komen wonen? Dat is wel erg veel van het goede. Olivia hoort stemmen. Gelukkig! Rinus en oma zijn terug. Ze lopen pratend de keuken in. Ze praten allebei tegelijk. Zouden ze wel naar elkaar luisteren?

'En Rinus dan?' vraagt Olivia.

Olivia's moeder antwoordt: 'Ik heb het al met hem besproken, Rinus blijft natuurlijk gewoon bij ons. Leo moet overdag naar zijn werk. Die kan niet hier thuis gaan zitten oppassen. Dat is niks voor hem.'

Olivia's moeder grinnikt. 'Ik zie hem al. Het zou hier binnen een dag een puinhoop zijn.'

'Ik weet niet, mam. Het kan toch ook wel blijven zoals het is?'

Rinus komt het terras op lopen. 'We hebben chocoladecake meegenomen. Iemand trek?'

Olivia schudt haar hoofd.

Rinus kijkt haar onderzoekend aan. 'Je bent toch niet ziek? Het is je lievelingseten.'

'Ik heb geen honger', antwoordt Olivia.

'Ik wacht even tot Leo er is', zegt Olivia's moeder.

'Dan niet. Zelf weten. Wij beginnen vast.'

Olivia staat op en zegt: 'Ik ga Sonja en Kwekje voeren. Ze hebben nog niets gehad.' Ze loopt weg.

Haar moeder roept haar na: 'Er is nog niets besloten, hoor. Misschien dat we beter nog even kunnen wachten met samenwonen.'

Opeens klinkt er geschreeuw vanuit de keuken.

'Au, au! Mijn poot!'
'Help!' roept oma. 'Kom vlug! Rinus heeft een ongeluk gehad.'
Olivia rent naar binnen. Rinus ligt op de grond. Oma
en mama staan over hem heen gebogen.
Rinus kreunt. 'Ging ik me daar toch opeens op mijn
bakkes! Au, het is mijn enkel.' Hij probeert te gaan
staan. 'O nee, nee! Au! Het gaat niet.'
'Wacht!' zegt Olivia's moeder. 'Steun op mij.'
Met z'n drieën helpen ze Rinus in een stoel. Ze zetten
een krukje onder zijn voet.
Oma vult een plasticzakje met ijsklontjes en legt het
op de enkel.
'Dat ik me nou zo moet bezeren vlak voordat Leo
komt. Denken jullie dat hij gebroken is?'
Olivia haalt de geruite deken van de bank en legt die
over hem heen.
Rinus kreunt. 'Bedankt. De mussen vallen weliswaar
dood van het dak van de hitte, maar als ik een beetje
lig te broeien wordt het vast beter.'
Olivia's moeder geeft hem een glaasje water.
'Nog even en jullie willen zeker dat ik in een wiegje ga
liggen', zegt Rinus. 'Ik weet niet wat het is met vrouwen en zieken. Maar jullie veranderen opeens in ver-
pleegsters.'
De bel gaat.
Olivia's moeder loopt de keuken uit om open te doen.
Ze komt terug met Leo achter zich aan.

'Dat ziet er niet zo best uit, kerel', zegt Leo als hij
Rinus ziet zitten. 'Zo'n enkel kan wel een tijdje duren.
Dat wordt de ziektewet. Heb je thuis iemand die voor
je kan zorgen?'
Olivia kijkt boos naar Leo en zegt: 'Hij kan best hier
blijven. Wij zorgen wel voor hem. Hè oma?'
'Wij?' roept oma. 'Moeten we hem dan wassen en zo?'
'Misschien kan Leo helpen', grinnikt Rinus. 'Ik moet
elke dag een wasbeurtje hebben anders krijg ik van die
gekke rode plekken op mijn vel.'
Leo slikt.
Olivia's moeder lacht. 'Rinus kan best hier logeren. Er
moet toch iemand thuis zijn als ik werk. En het huis-
houden en de boodschappen doe ik zelf wel. Als jij
ons een beetje helpt, Leo?'
Leo heeft er zo te zien niet zo veel zin in. 'Huishou-
den? Boodschappen? Ik weet niet of ik dat in mijn
schema kan inpassen. Ik heb ook mijn eigen ouders
nog waar ik af en toe langs moet.'
Rinus krijgt een vreselijke hoestbui.
Olivia kijkt hem wantrouwig aan, want het klinkt nep.
Oma klopt hem op zijn rug. 'Toe dan, jongen! Hoest
het maar lekker los.'
Als Rinus uitgehoest is, zegt hij hijgend: 'Het zal toch
niet op mijn longen slaan, burgemeester?'
'Dat kan best. Of het is tuberculose. Heb je je onlangs
nog laten onderzoeken?'
Rinus schudt zijn hoofd.

'Wat is dat, oma?' vraagt Olivia.

'Tuberculose is een heel ernstige en besmettelijke long-ziekte waar je aan dood kunt gaan, kindje', antwoordt oma langzaam, terwijl ze intussen naar Leo kijkt.

Rinus schraapt lang zijn keel. 'Hebben jullie een bak-je?'

Leo loopt naar het terras. Olivia's moeder loopt achter hem aan. Even later krijgen ze ruzie.

Rinus geeft oma een knipoog. 'Ik geloof dat ons plan-netje om Leo aan het schrikken te maken lukt, burge-meester. Hij zal zich wel een paar keer bedenken voor-dat hij hier intrekt.'

Oma knikt. 'Volgens mij slaat hij binnen een halfuur op de vlucht.'

'Gokje wagen?' vraagt Rinus.

Ze hoeven niet lang te wachten, want Leo loopt boos de keuken in en zegt: 'Ik ga!'

Olivia's moeder roept hem na: 'Moet je doen! En doe de groeten aan je moeder.' Als ze de voordeur horen dichtslaan, loopt ze boos de keuken uit en zegt: 'Ik moet nog een paar telefoontjes plegen.'

Olivia gaat aan de keukentafel zitten: 'Ik ga een vers voor Rinus schrijven. En mag ik nu een heel groot stuk chocoladecake.'

'Ja, hoor', zegt oma. 'Zo groot als je maar wilt, lieve kind.'

Het duurt even voordat het vers af is. Olivia geeft haar verzenschrift aan Rinus. 'Lees maar!'

Hardop leest hij:

(On)geluk
Ananas en chocoladetaart
Aad heeft een varkensstaart
Rinus kreeg een ongeluk
Toen was zijn enkel stuk
Malle Tinus
Een kus voor Rinus.'

Rinus steekt zijn armen naar Olivia uit. 'Kom hier,
Moppie. Dan krijg je er van mij ook een.'
'Dat was prachtig', zegt oma.

Olivia in de gloria!

Olivia is jarig. Oma, mama en Rinus zingen haar toe:
'Lang zal ze leven! Lang zal ze leven in de gloriá!'
Olivia staat er sip bij te kijken.
Er liggen drie cadeautjes op tafel. Maar ook daar
wordt Olivia niet vrolijk van. Want wat is er erger dan
jarig zijn in de vakantie? Niks toch? Het is zo onwijs
balen. Alle vriendjes zijn weg. Er zal helemaal nie-
mand op haar feestje komen.
'Nog eentje?' vraagt oma. 'Er is er een jarig, hoera,
hoera! Dat kun je wel zien dat is zíj!'
Ze wijzen alle drie naar Olivia.
Olivia glimlacht.
'En nu happy birthday', roept Rinus.
Olivia vindt er niks aan. Waarom zingt iedereen altijd
dezelfde liedjes? Kunnen ze niet eens wat nieuws verzinnen?
'Pak je je cadeautjes niet uit?' vraagt oma. 'Ik heb iets
heel moois gekocht, hoor.' Ze lacht geheimzinnig
naar Rinus.
'Mag het straks?'
'Ik heb ook iets heel moois gekocht', zegt mama. 'Pak

het nou uit, joh!' Ze kijkt zielig. Of het háár rotdag is.
'Goed dan.' Olivia pakt het kleinste pakje van tafel.
Ze haalt het papier eraf. Het is een blauw doosje. Ze
kijkt op. Rinus heeft een grote grijns op zijn gezicht.
Olivia moet erom lachen. Ze maakt het doosje open.
'Ooh!' roept ze. In een bedje van roze watjes ligt een
zilveren hangertje met een zilveren kip en een eendje
eraan. Zo lief van Rinus. Olivia vliegt hem om zijn
hals. 'Dank je wel. Ik zal het altijd dragen.'
Rinus doet het kettinkje om haar hals. 'Laat eens kij-
ken. Het staat prachtig.'
Het volgende cadeautje is een beetje groter.
'Dat is van mij', zegt oma.
Het is een paraplu in de vorm van een kikkerkop.
'Leuk hè?' kirt oma. 'Ik lach me slap.'
Olivia pakt het laatste pakje.
'Het is van mij en ook een beetje van Leo', zegt Oli-
via's moeder terwijl ze toekijkt hoe Olivia het papier
eraf scheurt.
Het zijn skates. Heel mooie paarse, dat wel.
'De arm- en beenbeschermers en de helm zijn van
Leo', zegt haar moeder.
'Je kunt ook wel zonder. Dat doen alle kinderen', zegt
Olivia.
Haar moeder wil iets zeggen. Het zal wel zoiets zijn
als: zonder die dingen ga je niet skaten. Maar vandaag
houdt ze haar mond.

Daar is Rinus met de taart. Er staan negen brandende kaarsjes op.

'Allemaal tegelijk uitblazen', zegt haar moeder. 'Dan mag je een wens doen.'

Dat zegt ze elk jaar.

Olivia blaast heel hard. 'Ik hoef geen stuk', zegt ze er meteen achteraan. 'Ik ga naar mijn kamer.'

Niemand zegt iets.

Olivia loopt de keuken uit en voelt de ogen in haar rug prikken. O, wat vinden ze haar zielig. Dat maakt het nog erger.

Olivia gaat op haar bed zitten. Over een paar weken mag ze wel een feestje geven en vanmiddag gaat ze met mama naar de Efteling, maar het is toch niet zo leuk als met andere kinderen op je verjaardag feestvieren. Kon ik maar op een andere dag jarig zijn, denkt ze. Zoals Wouter, die is te vroeg geboren. Hij is eerder jarig dan hij eigenlijk moest zijn. Wel anderhalve maand eerder, zegt hij. Hij zegt dat hij twee keer jarig is. De dag dat hij geboren is en de dag dat hij geboren had moeten worden. Dat is boffen.

Misschien kun je de regering vragen om op een andere dag jarig te zijn? Je kunt de regering ook vragen om je naam te veranderen. Dat heeft oma een keer verteld. Als je bijvoorbeeld meneer Poep heet of Kaatje Kont, dan mag je je naam veranderen in Soep en in… in Hond… Hihi! Olivia grinnikt hardop.

Buiten hoort ze kinderen roepen. Ze gaat staan en probeert tussen de bomen op het plein voor de garages te kijken. Wie zijn dat? Ah! Dat zijn kinderen waar ze wel eens tegen voetballen en die ze een keer met dennenappels hebben bekogeld. Olivia blijft even naar ze staan kijken. Het geluid van de spelende kinderen klinkt leuk. Gelukkig is niet iedereen weg. Kende ze die kinderen maar. Hé, wacht eens. Ze krijgt een idee.

Ze rent de trap af.

'Ik ben zo terug!' roept ze.

Ze rent om het huizenblok tot de poort naar de garages. Er zijn een stuk of acht kinderen aan het spelen. Ze zijn aan het voetballen. Op de grond liggen twee hoopjes kleren. Daartussen is het doel. 'Hé, hoor eens. Willen jullie gratis feest?'

'Waar dan?' vraagt een jongen. Hij heeft groen geverfd haar en een gescheurd T-shirt aan.

'Bij mij.'

'Waarom?'

'Zomaar. Er is een groot feest. Je mag gratis limonade en allemaal lekkere hapjes. Er is ook een videofilm.' De andere kinderen zeggen niks. Ze wachten zeker wat de groene jongen gaat zeggen. Misschien is hij de leider.

'Wanneer begint het?'

'Nu!' roept Olivia. 'Kom mee! Allemaal meekomen voordat het te laat is.' Ze wenkt.

De groene jongen kijkt naar de anderen. 'Laten we maar even gaan kijken. Als het niks is, zijn we zo weer weg.'

In een stoet lopen ze achter Olivia aan. Ze kijkt af en toe achterom of ze haar nog wel volgen.

Als ze het huis binnenlopen, roept ze: 'Het feest kan beginnen!'

De stoet loopt de gang door en dan naar de keuken. Olivia's moeder is verdwenen. Zeker naar haar werkkamer. Oma en Rinus kijken verbaasd naar al die vreemde kinderen.

Olivia trekt de ijskast open. 'Wie wil er cola? We hebben ook Fanta en Dr. Pepper.'

De kinderen drommen om haar heen en kijken met z'n allen in de ijskast.

'En wie wil er een broodje knakworst en wie wil er taart?'

'Neem me niet kwalijk', zegt Rinus tegen Olivia. 'Maar wie zijn die kinderen?'

'Mijn nieuwe vriendjes. Ze komen op mijn feestje.'

De jongen met het groene haar haalt zijn schouders op. 'We kennen haar niet eens.'

'Ik heet Olivia en jij?'

'Koos.'

'Ik ben jarig.'

'O. Nou, gefeliciteerd.'

Olivia geeft alle kinderen een hand. Ze onthoudt alleen de namen Koos en Marijn. Marijn heeft een beugel en spreekt zo onduidelijk dat ze eerst denkt dat hij Konijn zegt.

'En nu de video!' roept Olivia.

'Nee!' roept oma met een krakerig stemmetje. 'Eerst zingen.' Ze gaat staan en doet haar armen omhoog om de maat aan te geven. 'Er is er een…'

'Stop!' roept Olivia. 'Ik weet een ander lied. Ik doe het voor en dan moeten jullie het allemaal nazingen.'

In de glória!
In de glória!
Olivia is jarig
Daarom is het feest
Maar als ze eerder geboren was
Was het vandaag niet geweest.

De kinderen staren haar aan.

'En nu allemaal!' roept Olivia.

Alleen oma en Rinus zingen mee.

Als ze klaar zijn, zegt Olivia: 'Nu kan het feest beginnen. Wat zullen we gaan doen?'

Koos zegt: 'Ik weet een leuk spel. De sinaasappeldans. Iedereen moet een sinaasappel tussen zijn knieën klemmen en dan lopen we achter elkaar door het huis. Wie de sinaasappel laat vallen, is af. Er moet wel muziek bij. Dan is het leuker.'

'Dat is geen probleem.' Rinus wijst naar het draagbare radiootje op het aanrecht.

'Ja, dat doen we', zegt Olivia.

Iedereen krijgt een sinaasappel en Rinus zet de muziek aan. 'Mag ik ook meedoen? Dan ga ik voorop.'

Op de maat van de muziek lopen ze een rondje door de keuken. Dan de gang in. Bij de trap blijft Rinus staan en kijkt naar boven.

'Nee!' roepen de kinderen lachend. 'Dan zijn we allemaal af.'

'Goed', zegt Rinus. 'Daar gaan we weer. Burgemeester, kunt u meelopen met het radiootje?'

'Ik kom eraan', roept oma. 'Even mijn stok pakken.'

Als oma in de gang staat, trekt Rinus de voordeur open. 'Opgelet.'

'Wacht', zegt oma. Ze zet de muziek harder.

In een lange sliert gaan ze het huis uit en dan de straat op. Niemand laat zijn sinaasappel vallen. Maar het kost wel moeite, want ze moeten allemaal erg lachen. De mensen kijken verbaasd naar de optocht. Een meneer met een hond roept: 'Mag ik meedoen?'

'Sluit maar aan', roept Rinus. 'Het is vandaag feest.' Meer mensen sluiten aan. In een lange sliert lopen ze de straat uit en weer terug.

'Héla, heisa! Houd er de moed maar in!' zingt oma. Het is een ander lied dan op de radio, maar dat geeft niet.

Marijn laat als eerste zijn sinaasappel vallen.

'Maakt niet uit', zegt Koos, die achter hem loopt. Zijn sinaasappel rolt ook over de straat.

Als de andere kinderen het zien, laten ze die van hen ook vallen.

'Polonaise!' roept Rinus als ze langs de slager op de hoek komen. De mensen in de winkel lopen naar buiten en sluiten aan.

Eindelijk zijn ze weer bij het huis van Olivia.

'Stop!' roept oma hijgend. 'Ik kan niet meer.'

'Wat een leuk feest', zegt Marijn tegen Olivia. 'Zo vier ik nooit mijn verjaardag. Ik mag maar vijf kinderen uitnodigen. Anders wordt het te vol.'

'Zielig voor je', zegt Olivia. 'Je zou zeker ook wel in de

vakantie jarig willen zijn? Want dan mag je uitnodigen wie je maar wilt.'

Marijn knikt.

Zeebenen

'Ik heb een verrassing', zegt Rinus. 'We gaan een dagje vissen.'

'Gatver! Niks aan', zegt Olivia.

'Jawel, want we gaan naar zee. En dat is heel leuk. Mijn maat uit de kroeg heeft een bootje en dat mogen we lenen. Lekker de frisse zeelucht opsnuiven. Heerlijk!'

'Is dat niet gevaarlijk?' vraagt Olivia.

Rinus schudt zijn hoofd. 'Wat is gevaarlijk? Je kunt toch zwemmen? Trouwens, je hoeft met mij niet bang te zijn, want ik heb zeebenen.'

Olivia kijkt naar zijn blote benen. Rinus heeft vandaag een korte broek aan.

'Zeebenen? Wat zijn dat?'

'Dat betekent dat je gewend bent om te varen. Ik heb vroeger namelijk bij de zeeverkenners gezeten. Al mochten we toen alleen op de plas varen. Maar toch: water is water.'

'Waarom heette het dan niet plasverkenners? Ik weet het al! Omdat je dan plasbenen had!' Als ze is uitgelachen vraagt ze: 'Mogen Cindy en Wouter mee?'

Rinus pakt een fles water uit de ijskast en stopt die in een tas. 'Mij best. Maar ze moeten wel opschieten, want we gaan over een halfuur weg.'

Olivia belt Cindy en Wouter op. Niet lang daarna staan ze voor de deur.

Wouter heeft een hengel bij zich en een emmer.

Olivia wijst naar de emmer. 'Ben je bang dat je zeeziek wordt?'

Wouter schudt zijn hoofd. 'Het is voor de vis die ik ga vangen.'

'Moeten wij ook vissen?' roept Olivia. 'Ik vind dat zielig.'

Cindy pakt een zakje met boterhammen uit haar rugzak. 'Misschien kunnen wij de vissen voeren.'

Rinus geeft Wouter een knipoog. 'Gaan jullie de vissen maar voeren, hoor. Dan kunnen wij ze beter vangen.' Hij kijkt op zijn horloge. 'We moeten opschieten, anders is de dag voorbij. Instappen allemaal!'

Wouter, Olivia en Cindy kruipen achter in de bestelauto van Rinus. Dan gaan ze op weg.

In de haven liggen allerlei boten, mooie zeiljachten en grote visserskotters.

'Gaaf!' zegt Wouter.

Rinus knikt. 'Ja, het wordt een lekker dagje.'

'Welke is het?' vraagt Olivia.

Rinus kijkt op een papiertje. 'De boot heet Greetje.'

Ze lopen langs de kade op zoek naar Greetje.

Bij een grote sleepboot blijft Rinus staan. 'Ik vraag het wel even.' Hij roept naar een man die het dek aan het schrobben is. 'Ahoi, kapitein! Wij zijn op zoek naar de Greetje.'

'Er zijn hier geen vrouwen aan boord', antwoordt de man. 'En ik ben maar matroos.'

Rinus lacht. 'Ik bedoel de bóót Greetje. Het moet een motorboot zijn.'

De matroos kijkt om zich heen. 'Hebben jullie al om de hoek gekeken? Daar liggen ook boten.'

'Daar liggen alleen kleintjes', zegt Wouter. Er klinkt ongerustheid in zijn stem.

Eindelijk vinden ze de Greetje. Alle vier blijven ze stil staan kijken.

'Hij is wel klein', zegt Olivia.

Rinus krabt achter zijn oren. 'Ja, maar dat maakt niks uit. Als een schip zeewaardig is, kan het huizenhoge golven weerstaan.'

'Zo hoog?' vraagt Wouter angstig. Hij kijkt in de richting van de zee.

Rinus trekt aan de lijn waarmee de boot aan de bolder is vastgemaakt. 'Bij wijze van spreken. Vandaag is de zee spiegelglad.'

Als de boot dicht genoeg bij de kant is, springt hij erop. 'Geef jullie spullen maar en kom dan een voor een aan boord.'

Ze springen op de boot.

Cindy steekt haar hoofd in de kajuit. 'Kom eens kijken!

Een keukentje. Daar kunnen we straks eten maken.'
Rinus start de motor.

'Moeten die touwen niet los?' vraagt Wouter.

'Ja, maar op een boot heten dat lijnen. En van nu af
aan heet rechts stuurboord en links bakboord.'
Alle drie knikken ze.

Met een rustig vaartje tjoeken ze de haven uit.

Tegen mensen aan boord van andere schepen roept
Rinus. 'Hebben jullie zin in vis? Zet de pan maar vast
op het vuur!'

Wouter houdt zijn emmer omhoog alsof hij wil zeggen: 'Zó veel!'

Naarmate ze verder op zee komen, wordt het water
onrustiger.

Het bootje beukt tegen de golven in. Olivia en Cindy
houden zich stevig vast. Wouters gezicht wordt een
beetje wit.

'Het is niet eng', zegt Olivia tegen Cindy. Ze zegt het
ook om zichzelf moed in te spreken.

Wouter begint te boeren en wrijft over zijn maag.

Als ze een flink stuk buitengaats zijn, zet Rinus de
motor af. 'Pak de hengels maar!'

Olivia en Cindy wiegen op de golven heen en weer.
Ze worden er een beetje slaperig van.

Met zijn emmer op schoot zit Wouter stilletjes voor
zich uit te staren.

'Nou, komt er nog wat van?' zegt Rinus. Hij pakt een

hengel, doet een potje open en haalt er een worm uit. Het beest kronkelt tussen zijn vingers. 'Zo jongen, we gaan je eens lekker aan de makreeltjes voeren.'

'Doet dat geen pijn?' vraagt Cindy.

'Ik vind het maar zielig', zegt Olivia. 'Je kunt toch ook brood gebruiken?'

Rinus duwt de worm aan het haakje. 'We proberen eerst een wormpje.' Hij gooit de hengel uit.

Wouter staat op en waggelt naar zijn hengel. Opeens rent hij naar de reling en geeft over. Gelukkig komt het nog net in de zee terecht.

'Gatver!' roept Cindy kokhalzend, terwijl ze haar neus dichtknijpt.

Olivia wendt haar gezicht af. 'Ik word ook zeeziek, geloof ik.'

Rinus legt zijn hengel neer en komt Wouter te hulp. Hij hangt als een zoutzak over de reling. 'Ga maar even liggen', zegt Rinus. 'Dan zakt het wel.'

'Rinus, je hengel!' roept Olivia.

Het is al te laat, want de hengel schiet de zee in.

'Potverdrie!' roept Rinus terwijl hij de hengel nakijkt. 'Dat is zonde, zeg! Ik had natuurlijk beet. En het was vast een grote, anders had hij die hengel niet meege-trokken.'

'Hoe groot?' vraagt Cindy angstig.

'Dat zou best wel eens een héél grote geweest kunnen zijn', zegt Rinus. Hij houdt zijn handen een meter van elkaar.

'Zó groot?' roept Olivia. 'Dan was het misschien een haai.'

Cindy krimpt in elkaar. 'Die bijten toch? Heb je die haaienfilm wel eens gezien? Zo eng!' Ze kijkt over de rand het water in.

Olivia zegt: 'Ik geloof dat ik het op zee niet zo leuk meer vind. Kunnen we niet beter teruggaan? Wouter is ziek en jij kunt toch niet meer vissen, Rinus.'

Rinus kijkt om zich heen. 'Vooruit dan maar!' Hij start de motor.

Ze horen eerst een ratelend geluid, maar daarna houdt de motor op en horen ze alleen nog het klotsende geluid van zee.

'O, nee! Nu kunnen we nooit meer terug! We verdrinken!' jammert Cindy.

Rinus zegt: 'Maak je geen zorgen. Als de motor het niet meer doet, drijven we gewoon naar de kust.'

'Of naar de andere kant van de wereld', zegt Olivia.

'Of naar een onbewoond eiland.'

Wouter zegt niks. Hij zit in elkaar gedoken op het bankje.

Rinus begint overal aan te rukken en te trekken. Maar hij krijgt de motor niet meer aan de gang. 'Ik fiks het wel even', zegt hij. Hij duikt de kajuit in. Na een paar minuten begint de motor weer pruttelend te lopen.

Als Rinus naar buiten komt, ziet hij er vreemd uit. Zijn gezicht lijkt een beetje groen. 'Ik geloof… Ik ben ook een beetje zeeziek geworden daar binnen.' Hij doet een stap verder naar buiten en rent struikelend over alle spullen naar de zijkant.

'Je was toch gewend om te varen?' roept Olivia. 'Hoe kan het dan dat je zeeziek wordt?'

Cindy zegt met een huilerig stemmetje: 'Hoe moeten we nou terug? Niemand van ons kan die boot besturen.'

'Hier! Neem een slokje water!' zegt Olivia tegen Rinus. Ze geeft hem de fles.

Als hij heeft gedronken en een paar keer diep adem heeft gehaald, zegt hij: 'We moeten maar gauw teruggaan.' Hij pakt het stuurwiel en geeft vol gas.

'Hé', roept Cindy even later. 'Het lijkt wel of we achteruitgaan.'

De anderen zien het ook.

Rinus probeert de boot in zijn vooruit te zetten, maar een van de hendels waar hij aan heeft staan rukken, zit muurvast.

Olivia wijst naar de kust. 'De huizen daar worden steeds kleiner, Rinus!'

Rinus ziet het ook. 'Het enige dat ik kan doen, is in z'n achteruit terugvaren. Maar hopen dat we het op die manier halen. Anders moet ik de kustwacht waarschuwen.'

Als ze niet lang daarna achteruit de haven in tuffen, roept iemand vanaf de kant. 'Hé, sufferd! Je moet die boot omdraaien als je die kant op wilt!'

'Grapjas!' mompelt Rinus.

Het kost nog heel wat moeite om de boot aan te meren. Wouter, die weer wat is bijgekomen nu ze in de haven zijn, helpt met de lijnen.

Als ze eindelijk stilliggen, wrijft Rinus tevreden in zijn handen. 'Zo, dat is dat. Nou, het was me het avontuurtje wel.'

'Ik vond er niet veel aan', zegt Olivia. 'We hadden beter naar het strand kunnen gaan. Daar is veel meer te doen.'

Rinus zegt: 'Wat dan? Zeker een beetje op een stoel hangen de hele dag?'

'Niet', zegt Olivia. 'We hadden rare mensen kunnen tellen. En grappige zonnebrillen. En...'

Cindy wijst naar de benen van Rinus. 'Gekke benen!'

Olivia lacht. 'Ja! Haha! Zeebenen! Poeh!'

De meubelboulevard

De moeder van Olivia wil een nieuw kastje kopen.
'Heb je zin om mee te gaan?' vraagt ze aan Olivia.
'Alleen als Cindy mee mag.'
Ze rijden de parkeerplaats op van een grote meubelboulevard en gaan naar binnen. 'Als ik nou even snel
naar de afdeling kastjes race, dan zie ik jullie over een
halfuurtje in het restaurant', zegt Olivia's moeder.
'Intussen kunnen jullie je daar wel vermaken.' Ze
wijst op een ruimte voor de kinderen van bezoekers.
Er is een ballenbak, je kunt films kijken of tekenen.
Olivia kijkt haar moeder na. 'Zullen we eerst maar
een beetje rondlopen?'
Het is druk in de winkel. Veel mensen hebben hun
kinderen bij zich. Af en toe klinkt er door een luid-
spreker een oproep voor een verdwaald kind. 'Wil de
moeder van Martijn naar de receptie komen! Hij is
haar kwijtgeraakt. Ik herhaal: de moeder van Martijn.'
Olivia en Cindy lopen langs de banken en de bedden
en eetkamermeubels. Er komt geen eind aan al die
meubels. Er is niet veel aan. Verveeld lopen ze verder
tussen de rij bezoekers, die zich als een lange colonne

mieren door de winkel verplaatsen. Een man voor hen
verspert de weg met een karretje waar hij allerlei kleine spullen op zet: een spiegel, een lamp, een prullenbak en een stapel handdoeken. De mensen achter
hem moeten wachten tot hij klaar is met laden. Olivia
en Cindy kijken toe.

Voor hen staan twee grote jongens. Eentje draagt een
knalblauw jack. De ander stoot hem aan en zegt
zacht: 'Hé, Ronnie. Die vrouw met die gele tas.'
Ronnie doet een paar stapjes opzij en laat stiekem zijn
hand in de gele tas glijden. Hij pakt er een portemonnee uit en moffelt die weg onder zijn jack. Snel wurmt
hij zich tussen de mensenmassa door en verdwijnt. De
andere jongen gaat achter hem aan. Het gaat allemaal
razendsnel.

'Zag je dat!' zegt Olivia opgewonden. 'Het zijn zakkenrollers.'

'We moeten iemand waarschuwen.' Cindy kijkt rond
of ze ergens een verkoper ziet. Maar het lijkt wel of er
alleen maar klanten in de winkel zijn. Olivia en Cindy
wringen zich langs de mensen op zoek naar iemand
van het personeel. Een eindje verder zien ze de jongens weer lopen. Het blauwe jack van Ronnie is makkelijk te ontdekken.

'Daar gaan ze!' zegt Olivia. 'Kom, erachteraan.'

'Maar als ze ons in de gaten krijgen', protesteert Cindy. 'Misschien hebben ze messen.'

'Welnee. Doe niet zo schijterig. Ze gaan ons heus niet

midden in de winkel neersteken. Dan worden ze toch zo gepakt. En ze kennen ons niet.'

Ze lopen zo onopvallend mogelijk achter de jongens aan. Ze zien hoe ze weer iemands portemonnee rollen. Maar voordat Olivia en Cindy iemand kunnen waarschuwen, zijn de jongens alweer verdwenen.

Eindelijk. Daar is een verkoper. Olivia rent op hem af. 'Meneer, meneer, er lopen hier zakkenrollers rond.' Ze wijst in de richting waarin Ronnie en zijn handlanger zijn verdwenen. 'We hebben het zelf gezien.'

De verkoper kijkt. 'Waar?'

'Ze gingen in de richting van de gordijnafdeling', zegt Olivia.

De verkoper weet niet goed wat hij moet doen. 'Misschien kun je even naar de klantenservice gaan. Ik kan hier niet weg.'

Er komt een klant aan die een vraag heeft over de prijs van een kast. De verkoper loopt met hem mee.

Olivia kijkt hem na. 'Aan hem hebben we ook niets. Kom mee. Misschien kunnen we Ronnie en zijn vriendje nog ergens vinden.'

Op de lampenafdeling ziet Cindy het blauwe jack het eerst. Ronnie staat tussen een paar stellingen zijn kans af te wachten. 'We moeten iets doen, Olivia.'

Cindy en Olivia staan achter een rek met douchegordijnen. Ze kunnen zich mooi verstoppen achter de lappen plastic die aan het plafond hangen.

Cindy schuift een lap een stukje opzij om beter te

kunnen kijken. 'Ze staan naar dat stel met die kinderwagen te loeren. Zie je dat? Er ligt een tas op het voeteneind. Zullen we die mensen waarschuwen?'
Het is al te laat. Als de man en de vrouw een paar
meter van de kinderwagen vandaan lopen, grist Ronnie razendsnel iets uit de tas en gaat er als een haas
vandoor.
Olivia wijst naar een bordje. 'Uitgang' en 'Receptie'
staat erop. 'Misschien is daar iemand die kan helpen.'
Rennend volgen ze de witte pijlen naar de receptie,
die hen slingerend tussen de tentoongestelde meubels
leiden.
'Het lijkt hier wel een doolhof', roept Cindy hijgend.
'En ik word gek van al die meubels.'
Eindelijk komen ze bij de uitgang. Links naast de
deur is een balie. 'Receptie' staat op een bordje dat
erboven hangt. Maar er is niemand te zien. Olivia en
Cindy wachten ongeduldig tot er iemand komt.
Olivia wijst naar een microfoon die op het blad van
de balie staat. 'Zouden ze met dat ding omroepen?
Wacht eens. Ik heb een idee.' Ze loopt om de balie
heen en bekijkt het apparaat. Onderaan zit een knopje.
'Wat ga je doen?' vraagt Cindy ongerust. Ze kijkt
schichtig om zich heen.
Olivia houdt haar mond dicht bij de microfoon. Ze
drukt het knopje in. 'Hé, Ronnie. We hebben alles
gezien, hoor. Je loopt zakken te rollen. Je bent erbij,

jongetje!' Het galmt door de winkel.

Bij de lift staat een meneer. Hij kijkt verbaasd rond.

Cindy begint te giechelen.

'Ik herhaal: dit is een bericht voor Ronnie. Ronnie, je bent een gemene dief. Arme mensen beroven, hè? Mag dat wel van je moeder? Weet je wat er met je gaat gebeuren?'

Cindy ligt dubbel van het lachen.

'Rrronnie!' zegt Olivia met een lage stem. 'Rrronnie. We hebben alles gezien. Je bent erbij. Je moet ermee ophouden anders ga je de gevangenis in. Rrronnie!' dendert het door de winkel.

Twee vrouwen lopen langs. Ze blijven staan en wijzen lachend naar Olivia.

De receptioniste komt aanrennen. 'Hé, wat doe jij daar? Ben je gek geworden? Dat is geen kinderspeel-goed. Ga weg daar. Je mag daar helemaal niet komen.'

'We zijn boeven aan het vangen, mevrouw', zegt Cindy. 'U mag blij zijn dat we het doen. Moeten jullie maar een beetje beter opletten. Er lopen hier zakken-rollers rond, hoor. We willen een beloning.'

De receptioniste duwt Olivia achter de balie vandaan. 'Weg! Hup! Zijn jullie hier alleen? Waar zijn jullie ouders?'

'Die ben ik kwijt', zegt Olivia met een babystemme-tje. 'Kunt u ze even omroepen?'

De receptioniste kijkt Olivia een ogenblik onderzoe-kend aan. 'Sta je me voor de gek te houden?'

Olivia schudt haar hoofd. 'Echt niet. Op mijn ere-woord.' Ze houdt haar vingers voor haar mond en spuugt op de grond. Vlak voor de voeten van de receptioniste.

'Ja zeg! Ga nog een beetje staan spugen ook.'

Cindy trekt Olivia mee. 'Kom nou maar, dan gaan we je mama zelf wel zoeken. Ze is niet helemaal goed bij d'r hoofd, mevrouw.'

Hard lachend rennen ze weg. Hijgend zitten ze even later in het restaurant. Ze hebben een plaatsje gevonden achter een grote ruit vanwaar ze uitzicht hebben op de winkel. Ronnie en zijn vriendje zijn nergens meer te bekennen.

'Die zijn hem vast gesmeerd na die actie van jou', zegt Cindy. 'Hé, ik wist niet dat een meubelboulevard zo spannend kon zijn. Jij?'

Olivia steekt haar arm op. 'Mam! We zitten hier.'

Olivia's moeder gooit haar tas op een lege stoel. 'Hè, hè. Dat winkelen is vermoeiender dan een hele dag werken op kantoor. Wat een drukte hier. Hoorde jullie die omroepster ook? Dat mens was volgens mij gek geworden.'

Olivia en Cindy schudden hun hoofd.

'Hebben jullie je een beetje geamuseerd?'

'Nee. Er is hier geen bal te beleven', antwoordt Olivia.

Diner voor twee

Olivia zit met gekruiste benen op haar bed. 'We moeten een plannetje bedenken zodat Rinus altijd bij ons wil blijven werken. Anders krijg ik weer zo'n saaie oppas als eerst. Ik moet er niet aan denken.'
Cindy zit tegenover haar en kamt het haar van een barbiepop. Ze heeft er nog twee bij zich en ook een tas met barbiespullen. 'Je moet zorgen dat Rinus en je moeder verliefd op elkaar worden, want dan wil Rinus niet meer weg.'
Olivia kijkt misprijzend naar het gefrutsel van Cindy aan het haar van de pop. Zij houdt niet zo van poppen. Maar Cindy doet net of het echte mensen zijn. Ze praat ertegen en dan zet ze een raar stemmetje op. Zo stom is dat. 'Hoe kunnen ze nou verliefd op elkaar worden? Ze zien elkaar haast nooit. Mijn moeder moet 's ochtends altijd vroeg weg om de trein te halen en 's avonds wil Rinus snel naar huis. Ben je nou nog niet klaar met het haar van die pop?' vraagt ze geïrriteerd.
Cindy kamt onverstoorbaar verder. 'Je moet hem gewoon een keertje vragen of hij blijft eten.

Dan kunnen ze elkaar toch leren kennen?'

'Ja, dat is een goed idee!' roept Olivia. 'Met kaarsjes en romantische muziek erbij. En dan gaan wij koken.' Ze springt van het bed. 'Kom mee! We gaan het meteen vragen.'

Cindy blijft gewoon verder kammen.

'Kom nou!' dringt Olivia aan. 'We hebben geen tijd te verliezen. Als Rinus morgen een andere baan krijgt aangeboden, gaat hij weg.'

Ze rennen de trap af. Rinus staat in de keuken te strijken. Hij heeft een schort voor waarop staat 'Uw bevel is mijn wens'. Hij heeft het schort zelf voor de grap meegenomen. De radio staat loeihard. Op de strijkplank ligt een stapeltje was. Rinus zet het stoomstrijkijzer op de stapel.

Olivia gaat voor hem staan. 'Wil je vanavond bij ons eten!' schreeuwt ze boven het geluid van de radio uit.

'Wat?' Rinus zet de radio zachter.

Sssss… sist het strijkijzer.

Olivia herhaalt haar vraag.

Rinus krabbelt aan zijn kin. 'Vanavond?'

Olivia knikt. 'Cindy blijft ook eten. En wij koken. Leuk toch? Dan hebben we wat te doen.'

Sssss…

Geschrokken pakt Rinus het ijzer op. 'Je moet me niet afleiden, hoor. Dat strijken is al moeilijk genoeg. Straks laat ik de boel nog verbranden ook. Nou, vooruit dan maar. Maar eh… Weet je moeder ervan?'

Olivia knikt. 'Ze vindt het heel leuk als je blijft eten', jokt ze.

Cindy knikt ook. 'Ja, ze wil je graag leren kennen.'

Rinus krabt aan zijn kin. 'O, nou, dan moet het maar.'

De rest van de dag zijn ze bezig met het voorbereiden van het diner. Het valt alleen niet mee, want Olivia en Cindy kunnen eigenlijk geen van tweeën koken.

'Maakt niet uit', zegt Olivia. 'Het gaat om de gezelligheid. We halen wel wat eten uit de vriezer.'

De meeste tijd besteden ze dan ook aan het dekken van de tafel in de woonkamer. Ze doen de gordijnen dicht en zetten kaarsjes op tafel.

Cindy knipt van rood papier hartjes die ze zo hier en daar op tafel legt. 'Dan komen ze in een romantische stemming.'

Olivia kijkt tevreden naar de mooi gedekte tafel. 'Ik haal ook een fles wijn uit de kelder.'

Als Olivia uit de kelder terug is, zegt Cindy: 'Maak hem maar vast open. Dan staat het klaar.'

Samen proberen ze de fles open te maken. Maar ze krijgen de kurk er niet uit. De kurkentrekker gaat er steeds scheef in en de kurk verbrokkelt.

'Pak eens een mesje', zegt Olivia. 'Dan pulk ik hem er wel uit.'

De laatste stukken duwt ze met de achterkant van het mes in de fles. Er drijven nu allemaal stukjes kurk in de wijn.

Cindy kijkt in de fles. 'Volgens mij kun je die kurk gewoon opeten. Het zal toch wel eens vaker gebeuren dat er wat in de wijn terechtkomt?'

Aan het eind van de middag is alles klaar. De kaarsjes branden en er staat een cd op met romantische muziek.

'De muziek moet niet te hard staan', zegt Cindy. 'Anders kunnen je moeder en Rinus elkaar niet verstaan.'

Rinus komt de kamer in. 'Tjonge jonge! Het lijkt hier wel een restaurant. Maar eh... waarom hebben jullie voor twee mensen gedekt?'

'Omdat wij bedienen. Dan kunnen we niet gelijk mee-eten', legt Olivia uit. Net als Cindy heeft ze een theedoek als schortje voor gedaan.

Niet lang daarna horen ze dat de sleutel in het slot wordt gestoken.

'Daar is mijn moeder', fluistert Olivia. 'Ga maar vast zitten', zegt ze haastig tegen Rinus. 'Dan kunnen jullie meteen beginnen met eten.' Ze duwt Rinus op een stoel.

Ze horen dat Olivia's moeder haar tas neergooit. Daarna schopt ze meestal ook haar schoenen uit. Ja hoor! Daar gaan ze. Boink! Boink!

Gespannen wachten Olivia en Cindy tot ze de kamer binnenkomt.

'He, hè! Ik ben het goed zat vandaag', zegt ze terwijl ze binnenkomt. 'Het lijkt wel of iedereen vandaag

wilde scheiden. Vermoeiend beroep, hoor, advocaat…
Wat is dit?' Ze begint te lachen.

'Verrassing!' roept Olivia.'We spelen restaurantje. Kom
gauw zitten.' Ze trekt haar moeder mee naar tafel.

'Verrassing?' herhaalt Rinus verbaasd. 'Ik dacht dat je
moeder ervan afwist dat ik mee at vanavond?' Hij
schuift een beetje ongemakkelijk op zijn stoel heen en
weer.

'Moet ik meteen aan tafel?' vraagt Olivia's moeder verbaasd. Ze kijkt van Rinus naar Olivia en Cindy en
dan naar de gedekte tafel. 'En wat romantisch. Komt
Leo ook?'

Olivia trekt een stoel voor haar weg. 'Nee, die komt
niet.'

'Alleen wij tweeën?' Ze kijkt naar Rinus, die beduusd
achter de kaarsjes zit te kijken. 'Nou, vooruit dan
maar. Ik kan wel een glaasje wijn gebruiken.'

Rinus wrijft bedenkelijk over zijn kin. 'Misschien dat
ik beter naar huis kan gaan…'

Cindy springt naar voren. Ze heeft een theedoek over
haar rechteronderarm gevouwen. Net als de ober in
het restaurant waar ze laatst was. Ze schenkt de glazen
tot aan het randje vol wijn.

Olivia's moeder buigt naar voren en begint de kurk
eruit te vissen.

'Proost dan maar!' zegt Rinus. 'En eh… eet smake-
lijk.' Hij probeert een stukje kurk uit zijn mond te
krijgen.

Olivia's moeder lacht en neemt met toegeknepen lippen ook een slok.

'Wij gaan het voorgerecht halen', zegt Olivia.

Giechelend rennen ze naar de keuken. Even later zijn ze terug. Ieder met een bord in hun hand. Ze zetten het voor Rinus en Olivia's moeder op tafel.

Er ligt een blaadje sla op met daarop een gekookt ei.

'Lekker!' zegt Olivia's moeder. 'Dit is wat je noemt de hogere kookkunst.'

Olivia en Cindy draaien zich om en lopen weer weg.

'Wij gaan vast het volgende gerecht klaarmaken. Dan kunnen jullie intussen even rustig kennismaken.'

Vanuit de keuken gluren ze door een kiertje van de deur de woonkamer in.

'Het gaat goed', fluistert Olivia opgewonden. 'Ze zitten allebei te lachen. Dat betekent dat ze elkaar aardig vinden.'

'Misschien gaan ze wel trouwen', fluistert Cindy. 'Dan wordt Rinus je vader. Stel je voor. Dat wordt lachen.'

'Ssst!' doet Olivia. 'Zullen we die geluksbriefjes in het hoofdgerecht doen in plaats van in het toetje?'

'Ja, we rollen ze op en stoppen ze in de nasi.'

Olivia pakt de bak met nasi uit de magnetron.

Ze maken rolletjes van de briefjes, waarop ze een gelukswens voor Rinus en Olivia's moeder hebben geschreven.

Cindy houdt de borden bij. 'Schep maar lekker veel op, anders zien ze de briefjes meteen zitten.'

Samen dragen ze de borden naar binnen.

'Nasi! Wat een verrassing', zegt Olivia's moeder. 'Is dat de nasi van vorige week die ik in de diepvries had gedaan?'

Olivia knikt.

'En het is zo lekker veel', zegt Rinus terwijl hij de enorme berg op zijn bord bekijkt. 'Waar laat ik dat allemaal? Heb je soms ook een plastic zakje? Dan kan ik de rest mee naar huis nemen.'

'Nee, eet maar rustig.' Olivia draait zich om. 'Jullie hebben tijd zat. Wij gaan weer terug naar de keuken.'

Gniffelend rennen ze weg. Door een kier zien ze Rinus een hap nemen. Het is meteen raak. Met een vies gezicht haalt hij zijn geluksbriefje uit zijn mond. 'Ik geloof dat ze de verpakking ook hebben meegekookt.'

Olivia's moeder lacht. 'Er staat iets op geschreven. Lees eens voor.'

Rinus vouwt het briefje open en leest: 'U zult een leuke behanger tegenkomen. Nou, daar zit ik net op te wachten.'

'O nee', fluistert Cindy. 'We hebben de borden per ongeluk verwisseld. Nu heeft Rinus het briefje dat voor je moeder is bestemd en zij dat voor hem.'

Olivia's moeder prikt met haar vork in de nasi. 'Ja. Ik heb er ook een.' Ze vouwt het open en leest: 'U wordt verliefd op een vrouw met donker haar.' Ze kijkt Rinus aan. 'Ik begin te snappen waarom de kinderen

dit dinertje hebben georganiseerd.' Ze geeft hem een
knipoog.
Olivia trekt de keukendeur open. 'Wacht. Jullie hebben de verkeerde briefjes.'
'O, dat geeft niks, hoor', zegt Olivia's moeder.
'Nee', zegt Rinus terwijl hij zijn glas opheft en tegen
Olivia's moeder zegt: 'Nou, proost dan maar. Ik hoop
dat je die vrouw met donker haar gauw vindt. Veel
geluk!'
Olivia's moeder pakt ook haar glas. 'Ja, en jij met je
behanger.'

Een verjaardagstaart

Wouter is bijna jarig en daarom willen Olivia en Cindy hem verrassen met een mooi cadeau. Maar het valt niet mee om iets leuks te verzinnen. Het moet bovendien betaalbaar zijn, want ze hebben niet veel geld.

'Ik weet iets!' roept Olivia nadat ze van alles hebben opgenoemd. 'We bakken een taart. We hebben alle spullen in huis, dus het kost niets.'

'En wij kunnen ook van de taart mee-eten', zegt Cindy. 'Dus het is eigenlijk een dubbel cadeau: voor Wouter én voor onszelf.'

Olivia schudt haar hoofd. 'Als je iemand iets cadeau geeft, moet je er niet zelf iets aan willen hebben.'

'Het was maar een gedachte', zegt Cindy teleurgesteld.

Olivia slaat tevreden haar handen in elkaar. 'Dan gaan we maar meteen beginnen. Alleen hoop ik niet dat Wouter opeens voor de deur staat.'

'Maak je geen zorgen', zegt Cindy. 'Ik zag hem net voorbijfietsen. Hij riep dat hij naar zijn tante ging.'

'Mooi.' Olivia pakt een kookboek uit de kast en zoekt het recept voor taart op.

Cindy kijkt mee. 'Die is mooi!'

'Dat is een bruidstaart, suffie.'

'Het gaat toch om het model. Als je het bruidspaar dat bovenop staat wegdenkt en we zetten er iets anders voor in de plaats, is het toch een supergave verjaardagstaart? Eens kijken…' Ze buigt zich weer over het kookboek, pakt dan een grote kom en roept: 'Bloem! Eieren! Melk! Suiker!'

Cindy pakt de ingrediënten.

'Ik maak maar lekker veel', zegt Olivia terwijl ze een tweede pak bloem in de kom gooit, 'dan kunnen we een grote taart met extra veel verdiepingen maken, waar we extra veel versieringen op doen. Allemaal om onze Wouter extra te verrassen.'

'Dit is vast het leukste cadeau dat hij ooit heeft gekregen', zegt Cindy. 'Snoepen is Wouters favoriete hobby.'

'Na computeren bedoel je', grinnikt Olivia.

Olivia giet het beslag over in een aantal ronde bakblikken. Daarna schuift ze de blikken in de oven.

Als de cakes klaar zijn en afgekoeld, begint het echte werk: het opbouwen van de verjaardagstaart. Ze stapelen de cakes op elkaar, de grootste onder. Daarna bestrijken ze het gevaarte met glazuur: roze, geel, oranje en lichtblauw. Ze duwen alle taartversieringen in het nog zachte glazuur: Smarties, koekjes, chocoladebonbons, rode zuurtjes, gele schuimpjes, drop,

boterbabbelaars en nog een heleboel meer. Het is een
leuk werkje.
'Ik weet nog iets', zegt Cindy. Met de punt van een
mes tekent ze op de nog vrije plekken kleine W'tjes in
het glazuur.
'Leuk!' roept Olivia. 'De W van Wouter.'
Bovenop zetten ze een klein brandweerautootje dat
Olivia laatst op straat heeft gevonden. Tot slot prikken ze nog negen kaarsjes in de taart.
'Wauw! Het is een echt kunstwerk', roept Cindy
bewonderend als de taart klaar is. 'Ik kan bijna niet
wachten tot ik Wouters gezicht zie.'

Dat hoeft ook niet, want het is tijd om Wouter te gaan verrassen. Ze schuiven de taart voorzichtig op een grote schaal. Het is nog een hele toer om het gevaarte naar Wouters huis te dragen.

'Als hij de deur opendoet, roepen we "surprise"!' stelt Olivia voor.

Niet Wouter doet open, maar zijn moeder. 'Leuk dat jullie er zijn', zegt ze. Ze wijst op de taart. 'Is dat om hem op te vrolijken?'

Ze begrijpen niet goed wat ze bedoelt, maar ze lopen achter haar aan naar de woonkamer

'Surpri…' beginnen ze. Dan blijven ze zwijgend naar Wouter staan kijken, die met een sip gezicht en een ijszak tegen zijn wang gedrukt op de bank zit.

'Hij is naar de tandarts geweest', legt zijn moeder uit. 'Hij mag twee dagen alleen vloeibaar voedsel hebben.'

'Tandarts!?' roept Cindy. 'Ik verstond tante.'

Olivia de tweede

Hoera! Olivia's nichtje blijft een paar nachtjes logeren.
Het is heel gezellig in huis met zo veel mensen, vindt
Olivia. Oma logeert nog steeds bij hen en Rinus is er
ook elke dag.
En weet je wat bijzonder is? Als iemand 'Olivia!'
roept, dan kijken er drie mensen op. Dat is best handig, want je hoeft maar één keer te roepen. Of twee
keer, als een van de drie Olivia's roept.
Het is niet toevallig. Nee, het is de schuld van oma.
Zíj heette het eerst Olivia en twee van haar kleinkin-
deren zijn naar haar vernoemd: Olivia en haar nichtje,
die dus ook Olivia heet. Gelukkig zegt iedereen oma
tegen oma. Of burgemeester, omdat dat vroeger haar
beroep was.
Soms is het lastig om dezelfde naam te hebben. Bijvoorbeeld zoals nu, als Rinus roept: 'Olivia, kun je je
rotzooi komen opruimen? Ik breek mijn nek erover.'
Olivia weet niet wie van de twee hij bedoelt. Dus luistert ze maar niet.
Tot Rinus nijdig wordt en onder aan de trap buldert:
'Ik bedoel natuurlijk Olivia Henriëtte Annet Engel!

En als je niet als de donder naar beneden komt, zwaait er wat.'

'Je hoeft niet zo tegen me te schreeuwen', zegt Olivia terwijl ze de trap afloopt. 'Ik dacht dat je Olivia bedoelde.'

'Ja, die bedoelde ik ook', zegt Rinus boos. 'Jij bent de enige Olivia die de rommel achter d'r kont laat slingeren.'

Olivia gooit een stapel kleren naar haar nichtje. 'Vang, Olivia de tweede! Doe maar in de wasmand! En die schoenen moeten in de kast en dat tennisracket moet naast de kapstok.'

'Nou breekt mijn klomp!' zegt Rinus. 'Ze is je slaaf niet. En zal ik je nog eens iets vertellen? Ze heet helemaal niet Olivia de tweede. Ze heet Olivia, net als jij.'

'Ja, maar…'

'Een van jullie twee krijgt een andere naam. Ik ben het zat.'

'Ik niet!' roept Olivia. 'Ik heet Olivia en zo blijf ik heten.'

Rinus pakt een munt uit zijn zak. 'Deze euro bepaalt wie er een andere naam krijgt. Als ik kop gooi, mag jij Olivia heten en dan krijgt je nichtje zolang een andere naam. Gooi ik munt, dan krijg jij een andere naam.'

'Maar aan een andere naam moet ik wennen. Dat kan best lang duren. Misschien wel zo lang tot Olivia de tweede…' Ze slaat haar hand voor haar mond. 'Sorry! Ik bedoel, dan is Olivia…', ze wijst naar haar nichtje, 'alweer naar huis.'

'Reken maar dat je snel aan je nieuwe naam zult wennen', zegt Rinus. 'Daar zorg ik wel voor.'
Olivia wordt nieuwsgierig. 'Hoe doe je dat dan?'
'Wel eens gehoord hoe je een hond traint?'
Olivia schudt haar hoofd.
'Ik weet het!' roept Olivia's nichtje. 'Je beloont hem als hij iets goed doet.'
Rinus knikt. 'Precies.'
'Dan hoop ik maar dat je munt gooit', zegt Olivia. 'Want ik wil wel een beloning.'
'Ik wil ook best een andere naam, hoor', zegt Olivia's nichtje. 'Voor mij is het niet zo moeilijk, want thuis noemt iedereen mij Piet.'
'Piet?' roepen Rinus en Olivia tegelijk.
Olivia's nichtje knikt. 'Mijn vader is ermee begonnen, want hij zegt dat ik op zijn oom lijk. Die heet Piet.'
Rinus stopt de munt in zijn zak en slaat zijn handen in elkaar. 'Nou, dat is dan opgelost.'
'En de beloning?' zegt Olivia.
'Wat?' zegt Rinus.
'Wie krijgt die?'
'Jij in elk geval niet. Het gaat erom of Piet goed naar haar nieuwe naam luistert. Dus als ik zeg: "Olivia, binnenkomen!" krijgt Piet een reep chocola als zij juist níét binnenkomt. Snap je?'
'Ja, zeg!' roept Olivia verontwaardigd. 'Dan wil ik ook een andere naam. Van nu af aan heet ik eh… Kees. Dus als je "Olivia" roept en ik kom niet, doe ik het

goed en krijg ik een beloning.' Ze loopt de keuken uit.

Rinus grinnikt. 'Let op!' zegt hij zachtjes tegen Piet. Hij sluipt de gang in en wacht onder aan de trap tot hij zeker weet dat Olivia in haar kamer is. Dan roept hij: 'Kees, komen! Je moet afwassen!'

Kees rent de trap af en steekt haar hand uit. 'Geef maar! Ik heb geluisterd.'

'Eerst afwassen!' zegt Rinus lachend.

'Laat maar! Noem mij maar Olivia. Ga je mee naar buiten, Piet? Dan gaan we lekker in de wind lopen. Doei!'

Geld verdienen

De moeder van Cindy houdt grote schoonmaak. In
de gang staan allemaal dozen met spullen die ze weg-
doet. Cindy en Olivia bekijken de inhoud nieuwsgierig, want ze gaan er straks mee naar de braderie die in
het winkelcentrum wordt gehouden. Daar mogen
kinderen ook hun oude spullen verkopen. Rinus zal
hen erheen rijden.
Als ze een tijdje later op weg zijn, zegt Olivia, terwijl
ze omkijkt naar de dozen die in de achterbak staan:
'Veel hebben we, hè? Met de spullen erbij die we van
mijn moeder en van de buren hebben gekregen, zullen we een hoop geld verdienen.'
Cindy knikt. 'We gaan ervan naar de film, daarna
hamburgers eten en dan naar de kinderdisco.'
'Jullie zijn nogal wat van plan', zegt Rinus. 'Dat verkopen van die spullen gaat niet vanzelf, hoor. Dat is
een kunst. Je moet je waar aanprijzen en de mensen
naar je toe lokken.'
'Wat is er nou voor moeilijks aan verkopen?' zegt Olivia. 'Dat kan toch iedereen?'
'Je zult het wel merken', zegt Rinus. Hij rijdt het par-

keerterrein op. Als alles is uitgeladen, helpt hij de dozen het winkelcentrum in sjouwen. 'Ik hoop niet dat jullie met al die rommel blijven zitten, want dan moeten we het weer allemaal terugsjouwen. Maar dan kiepen we het regelrecht in de vuilcontainer.'

Cindy en Olivia zoeken een plaatsje tussen de andere kinderen die er al zitten. Ze leggen een kleedje neer en pakken de dozen uit.

'De kleine dingen vooraan', zegt Cindy. Ze heeft een rode kop van de opwinding. 'De doos met kleren en schoenen ernaast.'

Olivia heeft een ijzeren kistje van haar moeder geleend. Daar kunnen ze straks het geld in bewaren. Ze zet het vlak naast haar neer.

Rinus blijft nog even staan kijken. Dan zegt hij: 'Succes. Ik kom jullie aan het eind van de middag weer ophalen. Als jullie veel hebben verdiend, mogen jullie mij trakteren. Of ik ga mee naar de kinderdisco.'

Als alles is uitgepakt, gaan Cindy en Olivia naast elkaar zitten en wachten op de eerste klant.

Er lopen veel mensen in het winkelcentrum. Ze schuifelen langs en bekijken de spullen. Olivia en Cindy lachen vriendelijk naar de mensen. Als een man met een beige regenjas aan een grijs potje oppakt waar mosterd in heeft gezeten, verzint Olivia: 'Dat is antiek. Het is wel honderd jaar oud.'

De man zet het potje neer en loopt gauw door.

'Stomme vent', zegt Olivia.

Na een tijdje hebben ze nog niets verkocht. Ze worden er een beetje moedeloos van.

'Misschien moeten we roepen', stelt Cindy voor. 'Zoiets als: "Mooie spullen te koop!" Dat doen de mensen achter de kramen op de markt ook.'

Olivia pakt een beker met een verschoten plaatje van een poes erop. Ze gaat staan. 'Mooie bekers. Wie wil deze mooie beker van ons kopen!'

'Hier moet u zijn voor de beste koopjes!' roept Cindy erachteraan. 'Alleen vandaag. Alles gaat in de uitverkoop. Superlage prijzen.'

Het helpt allemaal niets. De mensen kijken wel, maar ze kopen niets.

Een man stopt en vraagt kortaf wijzend naar een geroeste dolk met een houten handvat: 'Wat kost dat ding?'

'Twee euro', zegt Olivia. 'Eigenlijk kost hij vijf euro, maar omdat het vandaag een speciale dag is, geven wij korting.'

'Een euro', zegt de man.

Olivia geeft hem de dolk. Ze wil nou eindelijk wel eens wat geld verdienen, al is het dan maar weinig. Als de man weg is, zegt ze net niet hard genoeg: 'Kun je wel. Een paar kinderen afzetten.' Ze kijkt naar de euro in haar hand. 'Nu hebben we ieder vijftig cent.'

Cindy wijst naar twee jongens die een eindje verderop zitten. Die hebben haast geen spullen meer.

Olivia ziet het ook. 'Ja, logisch. Bij hen kost alles maar

twintig cent. Maar zo verdien je niets. Daarvoor hoeven we niet al die moeite te doen.'

'Maar ze hebben waarschijnlijk al meer verdiend dan wij', zegt Cindy. 'Want tien keer twintig cent is twee euro en volgens mij hebben ze veel meer dan tien dingen verkocht. Als het zo blijft kunnen we de kinderdisco wel vergeten. Rinus had gelijk: verkopen is niet zo makkelijk als we dachten.'

'Ik vind er ook eigenlijk niets meer aan', zucht Olivia. 'Jij? En straks moeten we al die spullen nog terugsjouwen ook.'

Cindy wijst naar een man die op de grond naast de ingang van de supermarkt zit. Voor hem staat nog maar één kopje. 'Dat is niet eerlijk. Alleen kinderen mochten hier toch hun spulletjes komen verkopen. Wat doet die man daar dan?'

Olivia zegt: 'Ik ga even kijken. Let jij even op onze spullen.'

Als ze dichterbij is, ziet ze dat de man helemaal niets verkoopt. Iedereen gooit zomaar geld in zijn bakje. Olivia begrijpt het al. Het is een bedelaar. Hij zit vlak bij de stalling van de winkelwagentjes. Als mensen hun wagentje terugbrengen, geven ze hem de munt die in het slotje zat. De man heeft zijn handen in zijn schoot gevouwen. Hij ziet er armoedig uit. In zijn jas zitten gaten en zijn haar zit in de war en is vies. Net als zijn gezicht, dat vol vieze vegen zit. Naast hem ligt een hond met een vacht vol klitten. Hij kijkt zielig.

Het kopje dat voor de man op de grond staat, is al halfvol met geld. Olivia ziet dat er veel munten van een euro tussen zitten. Als er even geen mensen langskomen, pakt de man vlug het kopje en haalt er het geld uit. Terwijl hij het natelt, lichten zijn ogen op. Daarna laat hij het geld in zijn zak glijden. Olivia hoort de munten rinkelen.

Opeens krijgt ze een idee. Ze voelt in haar zak naar de euro. Daarmee rent ze de supermarkt binnen en vraagt ze aan een caissière: 'Kunt u deze euro ruilen voor twee muntstukken van vijftig cent.' Met het gewisselde geld rent ze terug en pakt ze een winkelwagentje. Daarmee loopt ze zo snel als ze kan terug naar Cindy. 'Ik weet een betere manier om geld te verdienen', zegt ze. 'Als iedereen te krenterig is om iets van ons te kopen, moeten ze het zelf maar weten. Geef eens gauw die doos met oude kleren.' Olivia trekt er een oud vest uit en doet een sjaal om haar hoofd die ze van de buurvrouw heeft gekregen. Ze trekt haar schoenen uit en mikt die in het wagentje. Uit de doos vist ze een paar oude bergschoenen van Cindy's grote broer.

'Ga je daarmee lopen?' vraagt Cindy. 'Geen gezicht. Die dingen zijn vier maten te groot.'

'Dat is juist de bedoeling.' Ze geeft Cindy een leren jack. 'Hier. Deze is voor jou.'

'Ik ga dat ding echt niet aandoen. Zeg nou eens wat je van plan bent.'

'We gaan bedelen. Dat gaan we doen.'
'En als iemand ons herkent?'
'Je moet je goed vermommen, dan herkennen ze ons
niet. Hier! Doe jij die rare muts met die flappen op.'
Olivia doet haar haar door de war. Dan haalt ze haar
handen over de grond en veegt ze langs haar gezicht.
'Zo, en nu doen we al onze spullen in het wagentje.'
Ze pakt een kopje van de grond. 'Hou jij dit bij je.
Daar kunnen de mensen geld in doen.'
Ze leggen hun spullen in het wagentje.
'Het past er niet in', zegt Cindy. 'De rest gooien we
dan maar weg.'
Olivia knikt. 'Laat maar staan. We halen het wel op
als Rinus straks komt. Kom, we gaan beginnen. Zielig
kijken. De mensen moeten denken dat wij arm zijn.'
'Zal ik ook kreunen?' vraagt Cindy. 'Van de honger.'
'Maar niet te erg, want dan ziet iedereen dat het nep
is.'
Olivia trekt een zielig gezicht. Dat is niet moeilijk. Ze
hoeft alleen maar te denken aan de keer dat ze water-
pokken had met Sinterklaas en niet naar school
mocht. Er komen een meneer en mevrouw aan. Ze
lopen gearmd. De vrouw stoot de man aan.
'Ach, Wim. Kijk die arme meiskes toch eens. Dat
zoiets in deze tijd nog voorkomt. Zouden het asielzoe-
kers zijn? In sommige landen zijn de mensen zo arm
dat ze hun kinderen alleen naar ons land sturen. Laten
we maar iets van ze kopen.'

De vrouw kijkt in het wagentje en pakt een glazen schaal. 'Wat kost deze?' vraagt ze vriendelijk.
'Vijf oero', antwoordt Olivia.
De man geeft Olivia het geld. Ze krijgt ook een bemoedigend knipoogje van hem. De vrouw stopt de schaal in haar tas. Een eindje verder is het weer raak. Twee vrouwen vragen waar Olivia vandaan komt.
'Roesland', antwoordt Olivia.
'Ja, dan begrijp ik wel dat jullie hierheen zijn gekomen', zegt een dikke vrouw met blond haar. 'Wacht, we zullen iets van jullie kopen.' Ze vist Olivia's eigen schoenen uit het wagentje. 'Die passen mijn dochter vast wel. Wat wil je ervoor hebben?'
De schoenen zijn pas nieuw. Olivia's moeder zou het niet leuk vinden als ze hoort dat ze voor een paar euro zijn verkocht. 'Nai, die van mai zain. Ik niet verkopen.'
'O sorry!' De vrouw legt de schoenen terug. 'Dan neem ik die pepermolen. Wat kost die?'
'Vaif oero.'
De andere vrouw koopt ook iets. Daarna kopen ook andere mensen spullen. Het wagentje is bijna leeg.
'We zijn rijk', zegt Olivia als er even geen mensen zijn. 'We hebben misschien wel twintig oero.'
'Zó veel', roept Cindy uit. 'Dan gaan we dit elke dag doen. Zullen we even teruggaan om onze andere spullen te halen en het wagentje bij te vullen?'
'Wacht jij maar hier. Ik haal wel even een doos', zegt Olivia.

Er staat een man in een van hun dozen te snuffelen.

'Hé, afblijven!' roept Olivia vanuit de verte. 'Die spullen zijn van ons.'

De man draait zich om. 'Dat komt goed uit. Ik vroeg me net af waar de eigenaar was. Ik ben opkoper. Ik geef veertig euro voor al die spullen.'

'Veertig!'

'Oké. Vijftig dan.' De man pakt een stapeltje bankbiljetten uit zijn zak en geeft Olivia een briefje van vijftig. Hij pakt een doos op en zegt: 'Ik kom zo de rest halen.'

Olivia rent terug naar Cindy. 'Kijk eens!' Ze vertelt wat er is gebeurd. 'Hoeveel hebben we nu bij elkaar?' Ze tellen het geld.

'Tachtig euro', zegt Olivia. 'Nu hebben we meer dan genoeg.'

Cindy wijst op het winkelwagentje. 'Plus vijftig cent.'

'En eerlijk verdiend.' Olivia pakt haar schoenen uit het wagentje en schopt die van Cindy's broer uit. Als ze haar eigen schoenen weer aanheeft, zegt ze: 'Kom mee! Eerst het kleedje ophalen en dan gaan we naar het parkeerterrein om op Rinus te wachten.'

Behalve de jongens die alles voor twintig cent wegdeden, hebben de andere kinderen haast niets verkocht.

'Verkopen is een kunst', zegt Olivia tegen Cindy als ze langs de kinderen lopen die al hun spullen weer terugsjouwen. 'Je moet gewoon een slim trucje verzinnen.'

Cindy knikt. 'Ik kan haast niet wachten tot mijn moeder weer grote schoonmaak gaat houden.'

Doeniksdag

De school is weer begonnen. Dat is wennen, hoor. Je moet opletten en denken en schrijven. Alles tegelijk. Poeh! Gelukkig is het na een week doedag. Dan hoef je niet te leren, maar mag je de hele dag allerlei activiteiten doen. 's Ochtends krijgt iedereen een briefje. Daarop moet je schrijven welke activiteit je hebt gedaan. Je mag zelf kiezen, als je maar vijf dingen doet. In alle klassen is iets. En ook op de gang, in het overblijflokaal en buiten op het plein. Het is heel gezellig want iedereen loopt door elkaar.

'Wat zullen we eerst doen?' vraagt Cindy. Ze kijkt op de poster die in de gang hangt. 'Eh… kleien?'

Olivia schudt haar hoofd. 'Daar krijg je vieze handen van.'

'Eh… Broodje bakken?'

'Nee. Ik heb nog geen honger.'

'Schminken?'

'Ook niet. Of wil jij de rest van de dag met die verf op je kop lopen?'

'Soundmix dan?'

'Ik kan niet zingen.'

Cindy zucht. 'Je moet wel iets kiezen. Straks is alles bezet.'

Olivia staart naar de poster. Het is moeilijk om te kiezen. Bovendien is het veel gezelliger om een beetje rond te kijken. En om eerlijk te zijn: ze is een beetje lui vandaag. 'Ik heb eigenlijk nog geen zin om iets te doen.'

'Als je niks zegt, ga ik alleen', zegt Cindy. 'We moeten wel vijf dingen doen. Als we nog langer wachten, krijgen we het niet af.'

'Wat maakt dat uit? We krijgen heus geen strafwerk.'

'Het moet wel. Anders wordt juf boos.'

'Doe normaal.' Olivia geeft haar een zetje. 'Juf wordt echt niet boos op doedag.'

'Doe zelf normaal. Ik ga naar kleien. Doei!'

Olivia loopt de andere kant op. In het eerste lokaal staat een weefgetouw. Daarop kun je een kleedje weven. Boeiend! Ze loopt verder. Bij juf Marjan kun je armbandjes maken. Dat is wel leuk. Er staan een heleboel kinderen in de rij. Het achterste meisje zegt: 'Je bent voorlopig niet aan de beurt, hoor. Je kunt beter eerst iets anders doen. Hiernaast bij juf Gerrie kun je kralen rijgen.'

Olivia loopt weer weg.

Juf Gerrie heeft een met kralen geborduurd indianenpak aan. Wouter en Gilles zitten kralen te rijgen. Wouter krijgt een rood hoofd als hij Olivia ziet. Ze hebben zich vast in de activiteit vergist. Door dat pak van juf Gerrie dachten ze zeker dat ze iets stoers gingen doen.

Olivia loopt de klas in. 'Wat zitten jullie te doen?'

Wouter mompelt zachtjes: 'Kralen rijgen.' Maar het klinkt als: 'Kale wijven.' Hij heeft pas een klein sliertje geregen en zit te prutsen met een nieuwe kraal.

'Wordt dat een ketting voor je moeder?' vraagt Olivia. 'Dan moet je zeker nog een heel stuk?'

Wouter haalt zijn schouders op. Hij kijkt een beetje boos.

'Doe je ook mee?' vraagt juf Gerrie.

Olivia denkt even na. Ze schudt haar hoofd. 'Nee, ik ga nog even verder.'

Wouter en Gilles kijken haar na. Wedden dat ze ook weg willen? Maar dat is te laat. Als je eenmaal aan een activiteit begint, moet je hem afmaken. Zo is het toch net een gewone schooldag. Misschien kun je beter nergens aan beginnen. Dan heb je lekker vrij.

Buiten is ook van alles te doen. In de zandbak kun je zandfiguren maken. Er is een jongen uit groep acht die het heel goed kan. Hij maakt een auto. Er staan een paar kinderen bij hem te kijken. Ze hebben een emmertje nat zand in hun hand. Misschien gaan ze straks ook zoiets proberen?

De bel gaat. Het is pauze. Alle kinderen rennen naar binnen, want in het overblijflokaal is er voor iedereen een verrassing. Olivia loopt mee. Om haar heen bekijken de kinderen elkaars briefje.

Bram stoot haar aan. 'Hoi! Wat heb jij gedaan?'
'Niks.'
'Moet je alles nog doen!' roept Bram uit. 'Dat haal je nooit. Vanmiddag om drie uur is het afgelopen.'
'Geeft toch niks?'
In de kantine staat limonade en er zijn broodjes knakworst. De kinderen smullen ervan. Meester Jan heeft discomuziek opgezet. Hij gaat dansen met juf Gerrie. De kinderen lachen zich rot, want meester Jan zwaait gek met zijn armen.
Cindy stoot Olivia aan. Ze heeft haar mond vol. 'Ze zijn op mekaar.'
Als de pauze is afgelopen, roept juf: 'We gaan weer beginnen!'
Het duurt een hele tijd voordat alle kinderen het overblijflokaal uit zijn. Het is ook zo gezellig vandaag.
Aan het einde van de dag begint Olivia eindelijk aan haar eerste activiteit. Buiten op het plein kun je stoepkrijten. Ze heeft een bak vol met afgesleten krijtjes bij zich. Maar nergens is nog een schoon stukje tegel te vinden.
Meester Jan komt met een emmer water en een bezem aanlopen. 'Ik maak wel even een stukje schoon. Maar dan moet je wachten tot het droog is.'
Olivia gaat op de trap voor de ingang van de school zitten. Lekker in het zonnetje. Ze kijkt hoe meester Jan staat te boenen. Het zweet staat op zijn kop. Die arme meester. Hij zal wel moe zijn vanavond.

Daar is Cindy. Ze gaat naast Olivia zitten. Ze heeft rode en zwarte vegen schmink op haar gezicht. Haar kleren zitten ook helemaal onder de vlekken. En onder haar nagels zitten zwarte randen. 'Pfft!' zucht ze. 'Ik heb gelukkig alles af. Ik ben móé.' Ze laat haar briefje zien. Ze heeft vijf activiteiten ingevuld: kleedje, kleien, schmink, stoepkrijt en broodje. 'En wat heb jij gedaan?'

Olivia wijst naar meester Jan. 'Ik moet wachten tot het schoon is.'

'Moet je nog begínnen!' roept Cindy uit.

De bel gaat. Het is tijd en doedag is afgelopen.

Meester Jan kijkt naar Olivia en roept: 'Sorry. Je bent te laat.'

'Geeft niet', zegt Olivia.

'Nu heb je helemaal niks gedaan', roept Cindy uit.

Olivia haalt haar schouders op. 'Ik had vandaag zin in doeniksdag.'

Cindy geeft haar een zetje. 'Doe normaal.'

'Moet je opletten.' Olivia kijkt eerst rond en scheurt dan haar briefje in tweeën. De stukken propt ze gauw in haar zakken. 'Ziezo! Briefje is kwijt. Nu merkt juf er niks van.'

Zomersong

's Avonds begint het toch te regenen! Het houdt gewoon niet op. Er valt zo veel regen dat er een vijvertje in de tuin komt. Kwekje spartelt er vrolijk in rond. Sonja blijft lekker in het hok zitten.

'Jammer', zegt Olivia. 'Nu kan ik niet meer buiten spelen.'

'Ja, kind', zucht oma. 'De zomer loopt ten einde.'

Rinus pakt de ketel en laat hem vol met water lopen. 'Niet zo treurig, dames! Straks wordt het winter. Dat is toch gezellig. Open haardje aan en eh...'

'Kaarten!' roept Olivia. Ze zit aan de keukentafel en knipt plaatjes uit oude tijdschriften. Die plakt ze in haar verzenschrift. 'Ik heb een zomerlied gemaakt. Willen jullie het horen? Het begint zo:

Sssst!
Zomersong
Zal ik eens wat zeggen?
Zomers loop je zonder sokken
en zonder muts
en zonder jas.

Het is zonde
dat het niet altijd zomer wassssss.'

Olivia doet haar vinger tegen haar mond. 'Sssst… Dat hoort erbij.'
Oma en Rinus klappen.
'Dat is mooi gezegd, kindje', zucht oma. Ze kijkt een beetje treurig. 'Ja, het wordt geloof ik tijd om terug naar huis te gaan. De vakantiezusters zullen nu wel weg zijn.'
Rinus wrijft over zijn kin. 'Wat mij betreft… Ach, waarom ook niet… Olivia zit de hele dag op school. Dan ben ik hier maar in mijn eentje. Van mij mag u nog wel een tijdje blijven, burgemeester. Tenminste, als u zin hebt. En als uw dochter het goed vindt, natuurlijk.'
'Hieperdepiep hoi!' roept Olivia.
Oma lacht. 'Goed, Rinus. Omdat je zo aandringt.'
Rinus pakt een doosje uit de kast en gaat aan tafel zitten. 'Dat is dan geregeld. Zullen we nu maar vast een potje kaarten, meisjes?'

De Robbanacus Rex

Er is een nieuwe jongen in de klas gekomen. Hij heet
Robje. Eigenlijk heet hij Rob, maar omdat hij nogal
klein van stuk is, heeft hij snel de toevoeging '-je' te
pakken. Of hij het leuk vindt of niet weet niemand,
want Robje is zo verlegen dat ze hem nog nooit iets
hebben horen zeggen. 's Ochtends schuifelt hij naar
zijn plaats en 's middags is hij weg voordat iemand er
erg in heeft. Het enige dat ze van hem weten, is wat
juf heeft gezegd: 'Rob heeft met zijn ouders in Portugal gewoond. Maar ik weet zeker dat jullie ervoor zorgen dat hij zich hier snel thuis voelt.' Dat willen ze
wel, maar door het gedrag van Robje let al snel niemand meer op hem en vergeten ze dat hij bestaat.
Op een ochtend zegt juf: 'We gaan het hebben over de
dinosauriërs. Wie kan mij er eentje noemen?'
Wouter steekt zijn vinger op. 'De Tyrannosaurus Rex,
juf. Dat was de grootste van alle dinosauriërs. Hij was
onwijs gevaarlijk! Grrr!'
'Eng zeg!' zegt Olivia.
'Nee, hoor', roept Cindy. 'De grootste was de Gigano-
tosaurus. Alleen waren zijn hersenen veel kleiner.

Dat was wel jammer voor hem.'
Juf vertelt nog een heleboel over dinosauriërs. Het
wordt een interessante les.
Gilles steekt zijn vinger op. 'Denkt u dat er nog
ergens dinosauriërs leven?'
'Nou…' begint juf. 'Ik denk het niet. Maar je weet
het nooit. Ze ontdekken wel vaker dieren waarvan ze
dachten dat die waren uitgestorven.'
Ze luisteren allemaal aandachtig naar wat juf te vertellen heeft. Toch rennen ze allemaal de klas uit als de
bel voor de pauze gaat. Van het luisteren naar zo veel
interessante dingen word je ook erg moe.

Olivia en Cindy zitten op het muurtje uit te blazen.
'Hé, kijk daar nou eens!' Olivia wijst naar de linde-
boom die zo groot is geworden dat hij bijna tegen de
school staat. Daartussen is nog een beetje ruimte over,
wat een mooie plek is om je te verstoppen. Ze zien
hoe Robje achter de boom verdwijnt. 'Wel zielig, zeg!
Misschien durft hij het schoolplein niet op omdat hij
bang is dat ze hem gaan pesten.'
'Zullen we even met hem gaan praten?' stelt Cindy
voor.
Ze lopen op hem af.
'Hoi', zegt Olivia. 'Wat sta je daar te doen?'
Robje geeft geen antwoord.
'Spreek je Portugees?' vraagt Cindy
Robje knikt.

'Zeg dan eens iets.'

Robje mummelt iets onverstaanbaars.

'Was het leuk in Portugal?' vraagt Olivia.

Robje knikt.

'Waar ben je liever: in Nederland of in Portugal?'
vraagt Cindy.

Robje haalt diep adem. 'In Portugal, want daar leven
nog dinosauriërs.'

'Wat!' roepen Olivia en Cindy tegelijk. 'Echt waar?
Heb je ze wel eens gezien?'

Robje knikt.

'Welke dan?' roept Olivia.

'De... eh... de... Robbanacus Rex. Het is de grootste

dinosauriër van allemaal en hij is héél gevaarlijk. Hij heeft zúlke tanden!' Hij houdt zijn handen een heel stuk van elkaar.

'Echt?' roept Cindy. 'Dat is onwijs bijzonder, joh! Heb je er een foto van gemaakt?'

Robje knikt. 'Maar die ligt nog in Portugal, hoor, voor het geval je hem wilt zien.'

Als de bel gaat, rent iedereen naar binnen.

'Juf, Robje heeft een echte dinosauriër in Portugal gezien!' roept Olivia. 'Hij had onwijs grote tanden.'

Iedereen kijkt naar Robje.

'O ja?' zegt juf.

Robje knikt. 'Ik dacht het wel, maar zeker weet ik het niet. Het was namelijk al een beetje donker.' Het zijn de eerste woorden die hij in de klas spreekt.

'Het kan best', zegt juf. 'De wonderen zijn de wereld nog niet uit. Maar als jij het zegt, geloof ik het wel. Vertel er eens iets meer over.'

Robje begint aarzelend, maar onder jufs bemoedigende knikjes vertelt hij even later enthousiast: 'Nou, hij had heel grote slagtanden en een staart van wel acht meter en hij was zo glibberig als een kikker. Uit zijn bek hingen slierten slijm.'

De klas kijkt vol bewondering naar Robje.

'Heel interessant, Rob', zegt juf als hij klaar is. Olivia weet het niet zeker, maar het leek even of ze Robje een knipoogje gaf.

Vanaf dat moment is Robje over zijn verlegenheid heen. En na een paar dagen durft hij ook te zeggen: 'Ik heet Rob, hoor.'

Boslucht

Het is zaterdagmiddag. Olivia en Cindy zitten aan de keukentafel en kleuren een kleurplaat in van een bosuiltje in een boom. Het is voor een wedstrijd. Ze weten zeker dat ze die gaan winnen. Olivia's moeder is een weekend weg met de mensen van haar kantoor. Daarom is Rinus er. Hij moet voor oma en Olivia zorgen.

'Wat eten we vanavond, Rinus?' vraagt Olivia.

'Ik zal eens kijken wat er is.' Hij trekt de ijskast open. 'Eh… Jullie mogen kiezen: melk, eieren, boter. Ik kan een omelet maken!'

'Je hoeft niks te maken', zegt oma. Ze zit in haar stoel bij het raam. 'We kunnen pizza eten. Je hoeft alleen maar op te bellen en dan komen ze die brengen!'

'Nee, ik weet wat beters!' roept Olivia. 'Laten we uit eten gaan!'

Oma kijkt naar Rinus. 'Wat vind je ervan? Het is misschien wel een goed idee. Dan maken we van zo'n saaie dag als vandaag nog iets leuks. Vroeger ging ik met Olivia's moeder af en toe naar restaurant De Vrolijke Weduwe in het bos', zegt oma mijmerend. 'We

167

maakten dan eerst een lange wandeling. We plukten bosbessen of gingen cantharellen zoeken, of beukennootjes. Soms zagen we herten of wilde zwijnen. Moe kwamen we dan in het restaurant aan. Het was daar zo romantisch met dat oude balkenplafond en je kon er bij de open haard zitten. We aten altijd een pannenkoek. Dat waren mooie tijden!' zucht oma.

'Ja! Laten we naar De Vrolijke Weduwe gaan!' roept Olivia. 'Dat willen we, hè Cin?'

Cindy knikt. 'Mij best. Maar dan moet ik wel even mijn moeder bellen.'

Rinus wrijft bedenkelijk over zijn kin. 'Ik weet het niet, hoor. Waar is het eigenlijk?'

'Ergens in buurt van Ede. Op de Veluwe', antwoordt oma. 'Als we er zijn, weet ik wel hoe je moet rijden.'

'Daar helemaal?'

Olivia springt op. 'Ja! Kom we gaan. Ik neem een mandje mee. Daar doe ik alles in wat we in het bos vinden. Hè, toe Rinus. Zeg nou ja. Andere kinderen gaan altijd naar ver-weg-dingen. Ik nooit.'

Oma kijkt naar Rinus. 'Je doet mij er in elk geval een groot plezier mee. Hmm! Ik ruik de boslucht al. Heerlijk! Ik zal er zo van opknappen. Jij ook trouwens. Je ziet er pips uit, Rinus.'

Olivia bekijkt zichzelf in het spiegeltje dat op de ijskast ligt. 'Ik zie ook bips.'

'Pips!' verbetert oma.

'Ik vind bips witter klinken.' Cindy grinnikt.

Rinus pakt oma's sjaal van een stoel. 'Als jullie over bipsen beginnen te praten, wordt het tijd voor een frisse neus. Kom! We gaan een bosluchtje scheppen. Over tien minuten vertrekken we.'

Het is een eind rijden naar de Veluwe. Olivia vindt het niet erg, want naar iets leuks gaan, is net zo leuk als er zijn. Steeds verzinnen ze een nieuw lied dat ze met z'n allen zingen.

Als ze langs een verkeersbord rijden, roept Cindy: 'Kijk: Ede! We zijn er bijna.'

'We zijn er bíjna! We zijn er bíjna!' begint Olivia te zingen. 'Maar nog niet helemáál!'

'Nog niet helemáál!' roepen ze allemaal tegelijk.

'Hoe moeten we nu?' vraagt Rinus aan oma.

'Eh... Het was hier ergens.'

'Daar staat Veluwe!' Olivia wijst naar een ander verkeersbord.

Rinus volgt de aanwijzingen. Ze rijden over een lange, geasfalteerde weg. Links en rechts zijn bossen, maar er staat een hek voor.

Olivia snuift de lucht op. 'Ik ruik wel boslucht.'

Cindy haalt haar neus op. 'Ik ruik modder.'

'Herkent u al iets?' vraagt Rinus aan oma.

'Het komt me wel bekend voor. Maar dat hek was er vroeger niet', zegt oma twijfelend.

Aan het eind van de weg kunnen ze links- of rechtsaf.

'Ga maar naar rechts', zegt Olivia.

'We zijn in de buurt!' roept Cindy. 'Daar staat een bord met restaurant erop. We moeten linksaf.'

'Je moet bij het restaurant stoppen, Rinus', zegt oma. 'Daar kunnen we parkeren en dan loop je zo het bos in.'

De weg kronkelt tussen de bossen door. Er staat geen hek meer, maar er is nergens een plek om te stoppen. Er lijkt geen einde aan de weg te komen en het restaurant is nergens te bekennen.

'Zitten we nog wel in Nederland?' vraagt Cindy met een piepstemmetje.

Cindy is Olivia's beste vriendin, maar als ze zo gaat zitten mauwen, kan Olivia het niet laten om haar te plagen. 'Maakt dat nou uit', zegt ze. 'Misschien komen we pas morgen thuis of volgende week. Of over een paar weken. Of nooit meer.' Olivia ziet Cindy's gezicht betrekken, want ze heeft altijd heimwee als ze niet thuis slaapt. Laatst moest Olivia's moeder haar midden in de nacht naar huis brengen omdat ze zo lag te snikken.

Rinus remt af. 'We zijn er! Hier is het restaurant.' Ze rijden een kleine parkeerplaats op. Het grint knispert onder de banden. Rechts staat een houten keet. Er staan een paar plastic stoeltjes voor, maar er zit niemand, want het is veel te koud.

'Is dit het?' vraagt Olivia teleurgesteld.

Oma kijkt eens goed. 'Zo zag het er vroeger niet uit', zegt ze. Ze doet het portier open.

Rinus probeert de naam op de keet te lezen. 'Het heet hier... eh... Tante Sjaans Snackbar.'

Oma trekt het portier gauw weer dicht. 'Laten we nog een stukje doorrijden. Het is hier vast vlakbij. Ja, ik geloof dat ik het nu herken. Die bomen daar komen me bekend voor.'

Rinus rijdt de parkeerplaats weer af. 'Volgens mij lijken alle bomen op elkaar.' Hij veegt een paar zweetdruppeltjes van zijn voorhoofd.

'Niet! Je hebt grote en kleine bomen!' roept Olivia.

'En dennenbomen en bomen met bladeren', vult Cindy aan. 'En bomen met bloemen erin, zoals die roze bij onze buurvrouw in de tuin.'

'En met witte bloemen. Die heet magnolia', zegt oma.

Ze noemen nog een heleboel verschillende bomen op. Tot ze bij een rotonde komen en Rinus roept: 'Waar moet ik nou heen?'

'Naar rechts', zegt oma. 'Want als je naar links gaat, kom je in een woonwijk. Kijk maar naar die huizen daar!'

Nadat ze een tijdje op weer een lange weg door het bos hebben gereden, zien ze voor de tweede keer een verkeersbord met Ede erop.

'Nou, moe!' roept Rinus. 'We waren toch al in Ede?'

Oma schudt haar hoofd. 'Nee, we gingen ríchting Ede. En halverwege reed je toen opeens richting de Veluwe.'

Rinus kijkt op zijn horloge. 'Als we zo doorgaan, komen we pas tegen donker bij dat restaurant aan.'

'Ga nou gewoon naar Ede, dan komen we vanzelf waar we moeten zijn', zegt oma. 'Als je opschiet, hebben we nog tijd voor een flinke wandeling.'

Weer rijden ze door de bossen over een geasfalteerde weg met links en rechts een hek.

'Het lijkt wel of we hier eerder waren', zegt Olivia.

'Alle bossen lijken op elkaar', zegt Cindy.

Olivia knikt. 'Bossen wel, maar bomen niet. Dat is eigenlijk gek, hè?'

'Een bord!' roept Cindy.

Rinus remt af. 'Als we rechtdoor gaan, komen we in Arnhem', bromt hij. 'Daar moeten we niet heen. We hebben geen andere keus dan rechts afslaan.'

De weg gaat onder een viaduct door en dan zitten ze opeens weer op een grote weg.

'Dit gaat niet goed', zegt Rinus. Door het drukke verkeer wordt hij gedwongen harder te gaan rijden.

'Je moet terug, Rinus', zegt oma.

'Ja, dat kunt u wel zeggen, maar ik kan moeilijk midden op de grote weg gaan keren!' Rinus klinkt boos, dus niemand durft meer wat te zeggen. 'Ik neem de volgende afslag en dan draai ik om. Ik blijf voor de zekerheid op de rechterbaan rijden.'

Oma wijst naar de vrachtwagen voor hen. 'Misschien moet je even passeren. Het is gevaarlijk om tussen twee vrachtwagens in te rijden.'

Rinus geeft gas. Voor hen rijdt niet één vrachtwagen, maar een hele rij vrachtwagens. Het duurt een tijdje voordat ze ze allemaal voorbij zijn.

'Stop!' roept Olivia. 'We rijden de afslag voorbij.'

'Hoe kan ik hier nou stoppen?' roept Rinus nijdig. 'Ik neem de volgende wel.'

Pas na een hele tijd zien ze weer een bord.

'Utrecht!' roept oma. 'Dat is niet goed. Zo gaan we naar huis.'

'Terug?' roept Olivia teleurgesteld. 'Mijn mandje is nog helemaal leeg.'

'Gaan we naar huis?' vraagt Cindy hoopvol.

De snelweg splitst zich. Het verkeer wordt drukker.

'En het was zo'n romantisch restaurant!' zegt oma spijtig.

Een vrachtwagen die vlak achter hen zit, toetert hard. Rinus krijgt een rode kop van woede. 'Kunnen jullie me nou eens allemaal met rust laten?' Hij geeft een dot gas om uit de buurt van de vrachtauto te komen.

'Bijna thuis!' roept Cindy opgelucht als ze een uurtje later een bekende plek ziet.

'O, nee hè!' roept Olivia. 'Ik had me zo verheugd op die pannenkoeken.'

'En ik op die lekkere, frisse boslucht!' zegt oma.

'Ik kan het woord niet meer hóren!' roept Rinus boos.

Een kwartier later rijden ze de straat in waar Olivia woont. Het begint al donker te worden. Moe van de reis stappen ze uit.

Binnen gooit Rinus zijn jas op de stoel. 'Ik ben bekaf. Dit doe ik nóóit meer.'

'De volgende keer moeten we misschien een kaart meenemen', zucht oma.

Olivia wijst grinnikend naar het hoofd van Rinus, dat rood is van inspanning. 'Je ziet in elk geval niet meer bips.'

'Ik weet hoe het komt!' zegt Cindy.

'Door de boslucht!' roepen ze allemaal.

Theo

Olivia, Cindy en Wouter lopen van school naar huis.
'Mijn poes is vandaag jarig', zegt Cindy. 'Daarom ga
ik haar straks verwennen. Ze krijgt een lekker stukje
kip en ze mag het aan tafel opeten. Nee, ze mag óp de
tafel! En daarna ga ik haar heel lang aaien.'
'En ik ga Sonja en Kwekje een extra handje voer geven
en ze mogen ook op tafel', zegt Olivia. 'Ze zijn weliswaar niet jarig, maar vandaag krijgen ze een speciale
behandeling.'
'Kippen en eenden willen dat volgens mij niet', zegt
Wouter. 'Die vinden dat soort dingen eng. Weet je
nog toen ik Kwekje in de singel had gevonden en ik
hem bij jou op tafel had gezet? Toen rende hij weg en
viel hij bijna op de grond.'
'Maar ze willen wel extra voer en geaaid worden vinden ze ook fijn', zegt Olivia.
Als Cindy bij haar huis is, roept ze: 'Doei!'
Olivia en Wouter lopen samen verder.
'Had jij ook maar een huisdier, hè?' zegt Olivia.
Wouter knikt. Het is jammer, maar het mag niet van
zijn moeder. Van Ankie, de vriendin van zijn moeder,

mag het wel. Maar zijn moeder zegt: 'Als een van ons drieën tegen is, gebeurt het niet.' Het liefst wil Wouter een hond, want dan heb je altijd iemand om mee te spelen. Stiekem hoopt hij dat hij er nog eens een vindt en dat hij hem dan mag houden.

Ze lopen langs de supermarkt. Buiten staat een grote, zwarte hond. Zijn riem zit vast aan een haak die in de muur zit. De hond jankt zachtjes als ze voorbijkomen. Ze stoppen.

Olivia zegt: 'Ach!' Ze aait de hond over zijn kop. Hij likt aan haar hand. 'Waar is je baasje?'

De hond jankt weer.

'Misschien is iemand hem vergeten', zegt Wouter. Hij kriebelt de hond onder zijn kin.

'Of ze hebben hem hier expres achtergelaten', zegt Olivia. 'Gemeen zeg! Wacht maar! Ik kijk wel even in de winkel.'

Niet lang daarna is ze terug. 'Er was alleen een mevrouw en die zei dat hij niet van haar was.'

Wouter kijkt naar de hond. Hij ziet er lief uit. En hij is wel groot, maar hij past best in een flat.

'Zullen we hem meenemen?' vraagt Olivia. 'Dan bellen we eerst het asiel. Misschien is iemand hem kwijt.'

Wouter knikt.

Olivia maakt de riem los en geeft hem aan Wouter. 'Hier!'

Met z'n drieën lopen ze verder. De hond kwispelt. Wouter houdt trots de riem vast.

'Hoe zou hij heten?' vraagt Olivia.
'Als ik een hond had, noemde ik hem Theo', zegt
Wouter.
Olivia lacht. 'Theo!' roept ze.
De hond kijkt om.
'Hij luistert!'
Als ze moeten oversteken, zegt Wouter. 'Theo, zit!'
Zonder te aarzelen gehoorzaamt de hond.
'Jullie passen goed bij elkaar', zegt Olivia. 'Wil jij hem
niet hebben?'
'En als het niet mag?'
'Je kunt het toch vragen!' zegt Olivia. 'Als ik zoiets
vraag, zeggen ze ook eerst nee. Maar als je zielig zeurt,

mag het vaak wel. Je moet gewoon volhouden. En misschien vindt je moeder hem ook wel lief. Weet je wat? We bellen eerst het asiel en ook de politie. Als we zeker weten dat hij van niemand is, neem je hem mee naar huis. Dan mag je hem vast houden. Hij ziet er zo lief uit.'

'Krijg nou een staart!' roept Rinus als hij Olivia en Wouter met de hond binnen ziet komen.
'We hebben hem gevonden!' zegt Olivia. 'Hij heet Theo. Lief, hè?' Ze trekt de ijskast open en pakt er een rookworst uit. 'Mag hij dit, Rinus? Misschien heeft hij al een week niet gegeten.'
'Nee!' roept Rinus geschrokken. 'Die is voor vanavond. Rookworst is bovendien niet gezond voor een hond.' Hij bekijkt Theo. 'Hij ziet er niet erg mager uit. Waar hebben jullie hem gevonden?'
'Bij de supermarkt', antwoordt Wouter.
'Ja, ze hadden hem daar vastgebonden. De dierenbeulen!' Olivia pakt het telefoonboek. 'Als niemand Theo mist, mag Wouter hem hebben.'
'Weet zijn moeder dat al?' vraagt Rinus.
'Het mag vast wel', zegt Olivia. Ze toetst het nummer van het asiel in en vraagt of iemand een hond kwijt is. 'Hij is klein en een beetje bruinig.'
'Groot en zwart', verbetert Rinus. 'Je moet hem wel goed beschrijven.'
Olivia hangt op. 'Nee, niemand is zo'n hond kwijt.'

Ze draait het volgende nummer. Weer zegt ze dat
Theo klein en bruin is.
Rinus rukt de telefoon uit haar handen en roept: 'Hij
is groot en zwart!' Als hij heeft opgehangen, zegt hij:
'Ze hebben het genoteerd. Als iemand zijn hond kwijt
is, zullen ze bellen.'
Olivia steekt haar hand naar Wouter uit. 'Gefelici-
teerd! Je hebt een hond.'
'Wacht nou eens even!' zegt Rinus. 'Maak hem nou
niet blij met een dooie mus.'
'Dat doe ik niet', grinnikt Olivia. 'Want het is een
levende hond.'
'Vraag het nou eerst maar eens aan je moeder, Wou-
ter', zegt Rinus.
'En anders?' vraagt Olivia.
'Anders?' herhaalt Rinus. Hij kijkt Olivia streng aan.
'Wij nemen hem niet, hoor. Trouwens, misschien belt
de eigenaar nog.'
Theo ligt inmiddels op de bank.
Wouter pakt de riem en zegt: 'Kom, Theo! We gaan
naar huis.' Het klinkt alsof hij Theo al jaren heeft.
'Ik ga mee!' zegt Olivia.

Wouters moeder en Ankie zijn niet thuis.
Theo loopt snuffelend door de kamers.
'Misschien heeft hij dorst', zegt Wouter. Hij pakt een
pan en vult die met water. Als hij hem Theo voorzet,
slobbert de hond het water gulzig naar binnen. Hij

schudt zijn kop. De spetters vliegen in het rond.
Wouter kijkt bezorgd toe. Hij pakt een theedoek en
veegt alles droog.

Theo loopt intussen snuffelend de woonkamer in en
gaat op de bank liggen.

'Dat mag niet, Theo!' roept Wouter. 'We hebben die
bank pas nieuw.' Hij trekt Theo er aan zijn halsband
vanaf. Maar steeds als ze even niet opletten, springt
Theo weer op de bank.

Dan gaat de bel. De hond begint hard te blaffen.

'Stil!' zegt Wouter. 'De buren!' Het helpt niet. Theo
blijft blaffen. Wouter rent naar de deur en drukt op
het knopje waarmee de deur beneden opengaat.

Rashid staat in de portiek en roept: 'Kom je bij mij
video kijken?'

'Wouter heeft een hond!' roept Olivia naar beneden.
'Mag die ook mee?'

Rashid komt de trap opgelopen. Halverwege blijft hij
staan. Angstig kijkt hij naar Theo.

'Hij doet niks', zegt Olivia, die Theo aan zijn halsband probeert tegen te houden.

Theo blaft en gromt.

'Mijn moeder vindt honden vies', zegt Rashid, die een
paar treetjes achteruit gaat.

Wouter aarzelt.

'Kun je hem niet thuis laten?' vraagt Rashid.

Wouter kijkt naar Olivia. 'Als jij hem nou zolang mee-
neemt, dan kom ik hem om een uur of zes weer halen.'

Olivia schudt haar hoofd. 'Ik ga straks naar streetdance. Daar mogen geen honden komen. Hij kan best alleen blijven.'

Wouter aarzelt weer. 'Maar als mijn moeder intussen thuiskomt?'

Rashid heeft geen zin om langer te wachten. 'Nou, dan ga ik maar.'

'Nee, wacht!' Wouter rent naar binnen. Als hij terugkomt, zegt hij: 'Ik heb een briefje voor mijn moeder geschreven. Willen jullie het horen?' Hij wacht niet op antwoord en leest:

Lieve mam,
Ik liep op straat en toen vond ik een hond.
Hij heet Theo en hij is heel lief.
Ik ben bij Rashid video kijken,
Tot straks!
P.S. Theo bijt niet.

Hij pakt Theo bij zijn halsband, trekt hem naar binnen en zegt: 'Baasje moet even weg. Ga maar lekker slapen!'

Ze lopen de trap af. Als ze beneden zijn, horen ze Theo blaffen.

Wouter blijft staan, maar Olivia trekt hem mee. 'Het gaat wel over. Hij moet nog een beetje wennen.'

Ze trekken de deur van de portiek achter zich dicht.

Dan horen ze Theo janken. Eerst zacht, maar even later heel hard.

'Hij kan niet tegen alleen zijn', zegt Wouter. 'Ik denk dat hij me mist.'

'Moet je dan altijd thuisblijven?' vraagt Rashid.

Olivia knikt. 'Of iemand anders.'

Wouter kijkt bedenkelijk: 'Maar dat kan niet. Mijn moeder werkt en Ankie ook en ik moet naar school.'

Olivia zegt: 'Dan moet je moeder stoppen met werken. Of Ankie. Een van de twee. Je kunt ook vragen of jij niet meer naar school hoeft. Als je een hond wilt, moet je er wat voor overhebben.'

'Nooit meer naar school?' vraagt Wouter bezorgd.

Ze zien een raam opengaan. Het is mevrouw Rinsma, die in de flat onder die van Wouter woont. Ze roept: 'Horen jullie dat ook?'

Ze schudden hun hoofd.

'Die hond!' roept ze. 'Ik hoor toch echt een hond janken! Ik word er gek van. Van wie zou dat beest zijn? Als hij niet ophoudt, bel ik de politie.'

'Ik moet naar hem toe', fluistert Wouter. 'Straks krijgen we ruzie met de buren.'

'Ik ga naar huis', zegt Rashid.

Olivia kijkt op haar horloge. 'Ik moet naar streetdance. Dahag! Geef Theo maar een kusje van me.'

Wouter kijkt Rashid en Olivia even na. Dan rent hij de portiek in.

Als Olivia thuiskomt, zegt Rinus: 'Wouter heeft wel acht keer opgebeld. Theo had tegen de tafel geplast en een kussen stuk gebeten. Toen belde hij om te vragen of je al terug was en wilde oppassen omdat hij wilde voetballen. Even later belde hij om te vragen of hij hem zolang hier mocht brengen. Toen ik zei dat dat niet kon, belde hij meteen weer en zei hij dat hij Theo terug wilde brengen.'

'Naar de supermarkt!' roept Olivia geschrokken. 'Wil hij hem daar weer vastbinden? Ook een dierenvriend, zeg!'

Rinus schudt zijn hoofd. 'Nee, dat hoeft niet. Er heeft net een meneer gebeld die zei dat hij zijn hond kwijt was. Hij was even een boodschapje gaan doen en toen hij terugkwam, was zijn hond weg. Volgens mij is het Theo.'

'Hoe kan dat nou?' roept Olivia. 'Ik heb nog in de supermarkt gekeken of er iemand was!'

'Ja, maar niet bij de bakker ernaast', zegt Rinus. 'Die meneer is zich rot geschrokken toen hij zag dat zijn hond weg was. Hij is al de hele middag aan het zoeken. Ik heb die meneer naar Wouters huis gestuurd. Wouter zal wel opgelucht zijn dat hij het huis weer uit kan. En volgens mij zal zijn moeder hem voorlopig niet meer over een hond horen.'

Buiten klinkt gekakel en gesnater.

Rinus kijkt op zijn horloge. 'Niet om het een of ander, maar je eigen dieren roepen dat ze wel eens willen eten.'

'O ja! Helemaal vergeten.' Olivia gaat gauw de tuin in om Sonja en Kwekje te voeren. Het duurt een hele tijd voor ze terugkomt. 'Ik heb het hok schoongemaakt en ze vers water gegeven en daarna een extra speciale aaibehandeling', zegt ze tegen Rinus. Ze laat zich op een stoel vallen. 'Hè, hè! Het was me het dagje wel.'